誰是驅動人類命運演進的未來力量？

中國模式+話語權

VS

西方模式+話語權

徐是雄 編著

灼見名家
Master-Insight.com

作者介紹

徐是雄教授，香港永久居民；北京師範大學—香港浸會大學聯合國際學院（UIC）榮休教授；生物學家；曾任UIC副校長、香港大學教授，系主任及理學院副院長；學術和研究成就昭著。擔任過中國多所大學的客座教授和研究院的客座研究員。2003年獲香港特別行政區政府頒發銀紫荊星章。曾任香港《基本法》諮詢委員會委員、港事顧問、香港特別行政區籌備委員會委員、香港特別行政區第一屆政府推選委員會委員。香港區第七、八屆全國人大代表，第九、十、十一屆全國政協委員，香港臨時市政局議員，香港南區區議員，珠海市榮譽市民。

目錄

前言

「中國模式」在新中國成立70年後，可以說已有了一個頗為穩定的雛型，不論就其整體輪廓以及內容而言，都逐漸地愈來愈明確和清晰起來，但離定型，我相信還需要很長一段時間，因為中國模式還不斷的在改進和優化之中，而且還需要與時俱進地長期發展和鞏固下去。那麼中國模式到底有些什麼特色？有哪些新穎之處？與「西方模式」有哪些不同？中國模式的形成，對世界的政治和各國的發展會帶來什麼影響？對國際秩序的重新安排，會有怎樣的衝擊和可以提供些什麼創新想法？在推動人類命運的進化，會為歷史寫下怎樣的篇章？有些西方學者則質疑，中國模式會否顛覆許多西方的傳統政治、經濟、社會的實踐和理論等，而影響、挑戰和改變西方模式的發展，以及現今西方模式所佔的中心領導地位？這一連串問題，是我想在這本書中試圖解答的問題；也是我編著這一本書的目的。

不過，大家可能更有興趣想知道的是，在中國模式和西方模式PK的過程中，誰最終會勝出？又中國模式會否超越西方模式？或中國模式會否與西方模式長期齊頭並進地PK及存在下去？中國的話語權，什麼時候可以奪回來？應怎樣奪回來？這幾個問題，我認為尤其重要，因為這幾個問題，涉及到中國模式未來發展的定位及路向問題。

另一方面，西方有很多人對中國模式並不看好，因為他們認為中國模式缺乏西方模式的所謂「一人一票」的民主選舉（即：多黨制＋一人一票），故此是非常脆弱（fragile）和缺乏強而有力的所謂「法理」（legitimacy）基礎

支撐的。著名的美國政論學者福山教授，曾在他的《歷史的終結》思想的影響下，一度認為像中國這種「沒有採用西方那種一人一票選舉出來的政府，遲早會像蘇聯那樣解體的。」現今，他好像又有了新的不同看法。他認為，現今中國「經濟表現非常的好，一旦經濟這個護身符消失，那他們會開始訴諸『民族主義』。」（註：見福山講座一書，2019年。長風文教基金會編，第146頁）。

但我認為福山不需要擔心這一個問題。因為，中國要而且正在與世界各國共同構建的是，多種類型的或不同形式的「人類命運共同體」；其核心是希望各國都能盡量減少對民族主義的訴求和依賴，而是盡可能採用和通過共商、共建、共贏、共享、合作、包容、「求同存異」、「和而不同」的新型國與國之間的關係，創建一種新的國際秩序，來達到構建各種不同形式的人類命運共同體。譬如說，中國所倡議的「一帶一路」設想的具體貫徹落實，就容不得中國搞民族主義，更容不得中國像美國那樣，搞「美國優先」（America First）的霸權主義。所以福山的擔心是多餘的，他的觀點顯然很不符合中國的想法和邏輯；欠缺實質的具支撐性的證據；因此，是錯誤的。

福山可能還沒有充分理解到，中國所實行的特色社會主義制度的組織形式（我命名其為：「四合一模式」），即：

（1）「混合經濟模式」（註：即「社會主義市場經濟」模式）＋（2）「混合政治制度模式」（註：即「政治力量」、「社會力量」、「資本力量」是可以平衡和融合地發展的這樣一個模式，（從而避免中國出現，像美國那樣「資本力量」獨大的情況）以及「選賢任能」模式）＋（3）「創新型的法治＋監察監督制度模式」（註：即政治領導人的產生方法，採用了人民代表大會依法「選拔＋選舉」，而不用單靠選舉的方法。因此，中國

可以避免出現西方國家常態的政黨之間的不斷鬥爭，使政策亂作一團；造成國家內耗巨大、人民之間撕裂強勁、公帑和時間的大量浪費、政黨頻繁輪替的各種做秀選舉活動和文化；同時還設立了一套嚴謹的監察和監督執政黨和政府運作的制度，例如：經常派駐〈巡視組〉去各單位巡視查辦工作。）+（4）**「制度化的『協商民主集中制』模式」** （註：即中國所採用的「民主協商制」，不但放棄了蘇聯時期所用過的，過分集中規劃和管理的模式，同時也沒有採用西方式的「多黨制民主」，因為西方式的多黨制，經常會因黨爭和政爭，而出現政治僵局和管治上的混亂，使政府頻頻更改政策或停擺）**是有着巨大的穩定性、韌性、與時俱進的改革動力、迴旋餘地和優點的。** 而這些優點當然還需要一些時間和實踐過程，才能全部顯現出來。正如習近平在2020年第一期《求是》雜誌所說的，要使「制度更加成熟更加定型是一個動態過程，治理能力現代化也是一個動態過程，不可能一蹴而就，也不可能一勞永逸。」有關這些問題，我在本書中也會涉及到。

現今，中國充滿高度自信，正在逐步實現中國的復興和「中國夢」，但必須指出，這夢並不是什麼「霸權夢」，因為中國並沒有準備去取代誰，更不想去取代美國的地位，也不想去輸出中國模式，逼迫其他的國家接受。中國不會學美國，美國喜歡強迫其他的國家都採用它的制度、它的信仰、它的價值觀、它的模式。中國只是希望各國予中國和中國模式應有的尊重和地位，大家一齊走「和而不同」的和平發展道路，使「中國道路」可以持續發展下去，為人類命運的進化多做貢獻。

習近平2020年5月16日，在第10期《求是》雜誌發表的〈在第十三屆全國人民代表大會第一次會議上的講話〉強調指出：「我們生活的世界充滿希

望，也充滿挑戰。中國人民歷來富有正義感和同情心，歷來把自己的前途命運同各國人民的前途命運緊密聯繫在一起，始終願意盡最大努力為人類和平與發展作出貢獻。中國決不會以犧牲別國的利益為代價來發展自己，中國發展不對任何國家構成威脅，中國永遠不稱霸，永遠不搞擴張，只有那些習慣於威脅他人的人，才會把所有人都看成是威脅。對中國人民為人類和平與發展作貢獻的真誠願望和實際行動，任何人都不應該誤讀，更不應該曲解。人間自有公道在！中國將繼續高舉和平、發展、合作、共贏的旗幟，始終不渝走和平發展道路，奉行互利共贏的開放戰略，為世界貢獻更多中國智慧、中國方案、中國力量，推動建設持久和平、普遍安全、共同繁榮、開放包容、清潔美麗的世界，讓人類命運共同體建設的陽光普照世界！」

　　我自己覺得很幸運，生在這一個偉大的時代，能夠親眼目睹中國由弱變強（在這方面我也算作出過一些非常小的貢獻），並把（我所了解的）中國模式理直氣壯地和大大方方的彰顯在世人面前。同時，我也希望香港的年輕人，通過閱讀我這本書後，能對中國模式有一個較為正確和清晰的認識，並對祖國的認知和熱愛，提升到一個更高的境界，能為自己作為一個中國人而感覺到無比的自豪。這樣我編著這本書的目的就達到了。

　　在編著過程中，我得到許多人的幫助，表示感謝。但由於我的見識和知識有限，書中必定會有許多錯漏和誤判，希望大家指正。

徐是雄

2020年12月

第1章
中國模式的特色

中國模式的形成和出現

「中國模式」這一詞，用來形容中國現今的國家形態，可能仍然會引起一些爭議。且讓我扼要地解釋一下其中原因。

2013年，中國學者王天璽指出：「中國模式的出現是一個客觀事實，並已引起世人高度關注。美國全球語言研究所跟蹤全球75萬家主要印刷媒體、電子媒體和互聯網站，挑選21世紀首10年中世人談論最多的10大新聞話題，結果發現『中國模式』或『中國崛起』的話題高居榜首，總共播發了約3億次。」[1]

「中國模式或中國崛起為什麼會成為近十來年最大的新聞話題？因為中國模式不僅與中國人有關，而且與全人類有關；因為中國模式推動世界重心東移，有利於形成平衡而和諧的新世界；因為中國模式創造了嶄新的社會主義文明，有利於推動人類文明發展到新的階段。」[1]在這裏我還想加多一句：從人類命運進化的角度來看，中國模式的建立和出現，將會顛覆性地影響和改變人類命運未來的發展方向、趨勢和路程。

張維為在他的《觸動中國》一書中指出，中國模式在國內引起爭議，是因為「大致有兩種人不贊成，一種是不贊成模式的提法。他們認為應該用『中國道路』等概念，因為模式這個詞，會給人一種發展道路固化的感覺，甚至有模式輸出的嫌疑。」[2]「還有一種人是不贊成中國模式的內容。這些人只

認同西方模式，他們認為只要你跟西方不一樣，你就沒有轉型到位。」（2）但就張維為自己來說，他認為「中國模式就是中國道路，中國道路就是中國模式。只是模式這種表述方法國際上較通用。」（2）我比較支持張維為的看法。我在這裏還想增加多兩個支持理由：

（1）一般來説，模式是可以不斷地發展和改進的。因此，依循時間的推移，很自然的，模式會有不同的改良版本的形成和出現：1.5版、2.0版、3.0版、4.0版等等。而我相信中國模式也會不斷與時俱進地改良和優化，等到中國完成了「兩個一百年」的發展階段之後，所呈現出來的中國模式（2.0版），與現今2021年我們所見到的中國模式（1.0版）相比較，我可以肯定的説，必定會存有許多不相同之處！

（2）在許多學術領域（如數學、統計、電腦、經濟、氣象、金融、醫學等）都有專門研究模式的專業人士和學者，在建立不同的數學模式、理論模式，實踐模式等，來解釋各種不同的現象，規律，以及估算（predict the outcomes）各種可能性、機會率等；或用不同的方法去研究模式能夠反映真實情況的能力和準確度（the accuracy of the model）等。可以説有關模式的研究及其應用範圍，是非常非常之廣的。特別是現今有了大數據、超級電腦、雲計算、深度學習等一系列高科技數字化手段，在支撐及構建任何模式（model building），都會變得愈來愈方便、具應用價值和精準度也會愈來愈高。而我相信很快很多研究者也會對中國模式的特徵、特色，變化、動態以及它的未來發展的方方面面會有許多具支撐力（supportive）和具高預測性（prediction related）的研究方法湧現出來；豐富中國模式的內涵及其外延

的影響力等等。另一方面，假如將來有更多的人有系統和專注地研究這些問題，那麼從這些研究所積聚的知識、智慧，經驗又可以回過頭來，進一步促使中國模式不停地更有效率和更具規律地向前發展、優化及務實。

我更不會覺得奇怪的是，有一日，中國模式的研究能成為一門嶄新的學科（並有相應的學術期刊的出版），那麼我們就可以更容易把有關中國模式的話語權，牢牢的控制在我們中國人自己的手裏，並與以美國為代表的西方模式（或美國模式），作全面的交鋒和抗衡，而無須再受制於以美國為代表的西方話語權和西方模式的壟斷；更無須再讓我們經常在話語權方面，受到西方國家的圍攻，而落入經常受「制裁的威脅」、「挨罵」、「挨打」、「難以還手」的吃虧和被動局面。我們必須盡快把這種被動局面扭轉過來。是時候我們需高舉中國模式之旗，去主動出擊了。那麼怎樣出擊呢？我認為，我們首先得把中國模式的特質和特色弄清楚，搞明白；才能把所涉及的邏輯理順，把故事講好；要擊得出去，勝利得了。

中國模式的特質和特色

中國模式之所以能夠形成和出現，主要是因為中國在過去的70年，特別是在國家實行改革開放之後，找到了實現中國崛起的正確道路。中國改革開放的總設計師鄧小平，對中國的改革開放的主要經驗有這樣幾句總結性的精闢闡述，他說我們的經驗就是要：**「解放思想、獨立思考、從自己的實際出發來制定政策。」「不但經濟問題如此，政治問題也如此。」** 在如何與西方打交道，鄧小平提四個字：「趨利避害」。（註：以上鄧小平的話，引錄自張維為，《觸動中國》一書，第245頁，原版後記）[2]。

鄧小平以上的這幾句箴言，對了解中國模式的源起以及中國模式為什麼能夠成功，有重要的價值和意義。因為中國就是依循鄧小平所指定的這些原則性的治國理政方針、政策、思路、實事求是地，把中國模式逐步地建立起來的。因此，中國模式的特殊性，必須首先充分了解和掌握鄧小平在這方面的基礎思想理論。這應是中國模式的第一個特色。

其次，中國在發展過程中，任何時候都緊抓住中國最主要的發展目的不放手，那就是要實現四個現代化，即：「工業、農業、國防、科學技術」的現代化。這是中國模式的第二個特色。

第三個特色，所涉及的範圍較為寬闊一些，根據張維為的觀察，可歸納為以下八個方面：「實踐理性、強勢政府、穩定優先、民生為大、漸進改革、順序差異、混合經濟、對外開放」。[2]張維為提出的這八點我基本同意。而這八點總括起來，就是要保證做到「穩健改革」和「漸進改革」；即是說，要把改革與穩定有機地加以平衡和統一起來，推動中國的全面有序發展，而避用蘇聯式的「休克療法」或把西方模式死搬硬套到中國來。事實證明，中國的「穩健改革」選擇及做法不但對頭，而且非常有效和成功。因此，中國模式從某一程度來看，也可被視作為一種很成功的「穩健改革」模式。

除以上這八點之外，張維為還強調指出：「中國現代化過程中的具體做法不一定具有普遍意義，但這些做法背後的思想，特別是『實事求是』、『和諧中道』、『循序漸進』、『標本兼治』、『和而不同』等，則可能有相當的普遍意義」。[2]這我也同意。這應該是中國模式的第四個特色。這一

特色的獨特之處，就是它融合了中國傳統文化的一些優良元素，而這些元素正是「西方模式」相對來說，最欠缺的。因為「西方模式」，或西方的思維方式（mindset），比較喜歡強調競爭（competition），喜歡採用蠻橫無理的方法（brute force），喜歡採用仗勢欺人、惡搞、欺騙人的手段和手法（bullying tactics）。因此，西方模式就容易掉落入你死我活的（killing mentality）或博弈型（fight out）的戰鬥和戰爭的陷阱（war trap）中去解決問題，例如：歷史上出現過的「十字軍東征」的做法；美國總統特朗普挑起的與中國的「貿易戰」及遏制中國5G等的高科技發展的做法（註：有人形容這為，由美國一手挑起的「中美科技戰」）。故此，中國模式不像西方模式那樣，沒有強烈的排外性（或排他性）（註：譬如西方模式所推崇信仰的一神教，就有強烈的排外性，不允許任何其他的神或宗教的存在；而中國則沒有這種具排外性的宗教）；沒有具侵略性的戰略意圖；沒有佔領其他國家領土的慾望；沒有控制其他國家的企圖和野心；而是有超大的包容性，以及能吸納其他的文明和文化的強大融合能力及靈活度。因此有人稱中國文明為「包容性文明」（inclusive civilization）。

中國模式的第五個特色是，中國建立了一套推進國家治理體系和治理能力的制度。這一制度，2019年10月28-31日在北京舉行的中國共產黨十九屆四中全會的《決定》[3][5]中我們可以清楚看到。這一制度的建立可被視作為中國實行的第五個現代化。其特點是保證中國的執政黨，做到「科學執政、民主執政、依法執政」[3]，並使中國的領導制度體系化。這樣中國的執政黨（即中國共產黨）的中央權威，就可以有效得到維護，使「黨能健全總攬全

局、協調各方的黨的領導制度體系、把黨的領導落實到國家治理各領域各方面各環節。」[3]並通過「健全執政黨的全面領導制度,健全為人民執政、靠人民執政各項制度,健全提高黨的執政能力和領導水平制度,建立完善全面從嚴治黨制度。」[3]因此,「中國共產黨」與「西方的政黨」的性質和目的都很不一樣:「中國共產黨」是要為全中國人民服務和全人類服務的政黨,而「西方的政黨」,則只是(也只能)為少數選民及團體的利益服務的政黨(同時見第8章的討論)。

其次,中國還「發展了社會主義民主政治。堅持人民主體地位,確保人民依法通過各種途徑和形式管理國家事務」[3]。具體一點來說,即建立了「人民代表大會制度」這一中國的「根本政治制度」,以及完善了「中國共產黨領導的多黨合作和政治協商制度」,使一個能讓「人民當家作主的制度體系」[3]完整地呈現在世人面前,並證明給世人看,除「西方模式」的代議政治制度之外,還有一種中國模式所推崇的,比代議政治制度更優越的具有民主協商特色,而又能更有效地體現和落實具有中國特色的「全過程民主政治制度」(註:參考2019年11月2-3日習近平考察上海,在古北社區見到全國人大常委會建立的基層立法聯繫點時的講話[6])。而所謂「全過程民主政治制度」,我的理解是中國的人民代表大會這種具法治基礎及民主政治的制度,並不像西方政治制度那樣,把民主只聚焦在一人一票的選舉時間段(time of election)或選舉政客(politicians)的機制上,而是一種要真正能接地氣和做到能「全過程」(即讓治理重心的所有時間,都能向全社會,全國的各社區下沉)為國家和全體人民服務的民主。

中國在推進建立中國國家治理體系和治理能力的制度方面，還有以下幾點特色值得在這裏提一下（註：有關的詳細論述，參考《決定》[5]的內容 ）。

1. 中國特色社會主義的法治體系。這一體系強調：黨要「依法治國、依法執政」。並建立了一個「法治國家、法治政府、法治社會一體化」[3]的架構機制，來「保證憲法可以全面得到實施；立法體制機制，社會公平正義法治保障，法律實施的監督」[3]，都有制度上的規範。

2. 「中國特色社會主義行政體制。構建了職責明確、依法行政的政府治理體系。一切行政機關為人民服務、對人民負責、受人民監督，創新行政方式，提高行政效能」[3]，建立了一個能讓「人民滿意的服務型政府」[3]。（註：現今中國許多官方的行政工作，譬如涉及：申請、批准等手續，都已經可以通過網絡來辦理，或提供「一站式服務」、「只需跑一次」等方法，就可以把許多手續辦完。這不但快速，而且效率高，可大大減少行政部門滋生官僚主義的拖拉、扯皮等的做事方式和行為。 ）

3. 建立了一個「社會主義基本經濟制度，推動經濟高質量發展」[3]。中國這一制度以「公有制為主體、多種所有制經濟共同發展，按勞分配為主體、多種分配方式並存。中國的社會主義市場經濟體制等社會主義基本經濟制度，既體現了社會主義制度優越性，又同我國社會主義初級階段社會生產力發展水平相適應，充分發揮市場在資源配置中的決定性作用，更好發揮政府作用，全面貫徹新發展理念，堅持以供給側結構性改革為主線，加快建設現代化經濟體系。要毫不動搖鞏固和發展公有制經濟，毫不動搖鼓勵、支持、引導非公有制經濟發展。堅持按勞分配為主體、多種分配方式並存，加快完善社會主義市場經濟體制，完善科技創新體制機制，設更高水平開放

型經濟新體制。」用張維為的話來說，即中國採用的是一種「混合經濟模式」。這一模式「延續和發展了中國傳統意義上的『民本經濟學』，即經濟發展首先是為了百姓福祉，為了『經世濟民』，其主要特點是經濟與國計民生融為一體，經濟與治國安邦聯繫在一起。中國當代的經濟已經和國家的長治久安緊密相連。同時這種制度安排也引入了西方現代市場經濟的理念，包括現代企業制度、現代貿易制度、現代銀行制度、現代融資體系等，以確保中國成為世界上最有競爭力的國家之一和世界最大的經濟體。中國的『混合經濟』制度無疑是對西方新自由主義經濟制度的一種超越。」[4]中國的『混合經濟』制度，可以說是中國模式的一個非常重要的基本特色。

還有一點基本特色，是需要提一下的，那就是從政治經濟的視角來看中國模式，正如中國學者汪同三[7]所指出的，中國的國家制度和國家治理體系，因為能「堅持改革創新、與時俱進，善於自我完善、自我發展，使社會始終充滿生機活力的顯著優勢，充分體現在推動生產關係與生產力、上層建築與經濟基礎相適應，根據我國社會基本矛盾運動變化不斷推進經濟社會發展上。」[7]由於中國模式具有這一基本特點，所以中國不但能做到「以改革推進國家制度和國家治理體系建設的自覺性」[7]，同時又能「堅持方向不變、道路不偏、力度不減」[7]，使中國「能推動新時代改革開放走得更穩、走得更遠，使新時代中國特色社會主義煥發出更加蓬勃的生機活力。」[7]而正由於中國模式具有這種不斷自覺更新的「生機活力」，所以中國模式比西方模式（註：西方模式現今已愈來愈走向民粹的、僵化的；無法為人民帶來真正的福祉和推動社會公平、正義、進步的；只會把人民推向無休止的「選舉政治」的鬥爭漩渦

中去），事實上是更具靈活性（flexible）和進取性（progressive）。

　　但我們經常又可以聽到一些西方的學者和政客，批評中國說，中國實行的是一種「威權政治」（autocratic politics or authoritarian politics）；因此，是不民主的，是從屬於「專制獨裁」類型的國家（autocracy or authoritarian state）。但事實上，西方實行的所謂民主，才是一種威權政治。因為，西方的政黨，一旦經選舉拿到執政權之後，就會肆無忌憚地採用威權政治的高壓、殘酷手段，來搞鬥爭和鎮壓反對者。這在美國特朗普總統任內所做的一切，不是已可以看得很清楚了嗎！（註：例如，他無視新冠肺炎在美國的蔓延，不管美國人民的生死，只集中精力搞他的選舉造勢活動和自私自利的專制獨裁統治，並為了體現他偏頗的意識形態，無休止的與民主黨和世界各國搞政治鬥爭。在他任期內，從不為美國黑人爭取公平正義做任何事，更在2020年美國黑人費洛伊德被白人警員虐殺所引發的反種族歧視示威蔓延全美國的城市時，鼓勵軍警用鎮壓的手段，打擊示威者，嚴重損害美國的種族平等和人權。而在外交方面，美國不論是民主黨還是共和黨，都經常用「自由、民主、人權」作為幌子，干涉別的國家的內政，去體現和滿足美國的霸權主義。這種做法，不就是一種「威權政治」的行為嗎？何來民主可言！）所以美國所標榜的所謂「民主」，事實上是一種，我命名其為「專制獨裁民主」（democratic autocracy or democratic authoritarianism）或「假民主」（fake democracy）或「偽民主」（pseudo-democracy）。很不幸的是，現今這一種具有重大缺點的西方政治體制，仍然霸佔着西方模式的主導地位。（註：再舉一個例子。從台灣民進黨在台灣的所作非為（例如：搞「台獨」、「去中國化」等）；我們可以清楚看到，民進黨所搞的也是一種「專制獨裁民主」，它給台灣同胞帶來的，只會是災難。）

其次，更值得遺憾的是，西方國家直至現今，仍在堅持用錯誤的「二元」（binary）思維的話語權，或「錯誤的兩分法」（false binary），不斷的在污名化中國的政治體制（註：西方國家有一種「二元」的思維方法或心態，即：相信「西方模式」永遠是對的；因此，中國模式必定是錯的；所以，不論中國做什麼事，都必定是錯的）。不但如此，西方國家還喜歡經常用「雙重標準」，來指責中國。譬如：在香港2019-2020年發生的，由於「修例風波」所引發的「港獨」等壞分子所搞的大規模示威、襲警、破壞公共財物事件，西方國家居然說，這種違法行為為「民主」的呈現（註：美國眾議院院長佩洛西（民主黨）還說：「香港的示威遊行是美麗的風景線！」）。但2020年，在美國由於黑人費洛伊德被白人警員虐殺，所引發的大規模示威、襲警、破壞公共財物事件，美國的特朗普總統卻斬釘截鐵的說，這是「暴亂」；還預備動用軍隊去鎮壓。而佩洛西則說：「示威活動中有一些暴力行為，所有暴力行為都必須被制止」。可見西方民主國家的雙重標準和虛偽！也可以看到西方模式的失信於民，已到了什麼程度！

可惜的是中國模式這一能體現「人民真正民主」的新型政治體制，及其優越性，直至現今還未能被西方國家充分的認識、理解和接受。所以中國還需要努力，把這方面的話語權盡快的建立起來，把西方模式的「虛偽民主」全面地暴露出來［同時參考第5章的有關論述］。

中國模式的其他特色還有，中國還建立了一個具特色的文化制度、城鄉民生保障制度、社會治理制度、生態文明制度體系、政治體制與治理制度、監督執政黨、官僚和政府的機制制度等。以上這些特色制度的建立（註：有些

制度還需要較長時間去完善、完成和落實），相信不但會推進中國國家治理體系和治理能力的進一步現代化，而更重要的是能顯示中國模式有其一定的優越性和可持續發展的能力；為中國的「政治穩定、經濟發展、文化繁榮、民族團結、人民幸福、社會安寧、國家統一提供了有力保障」。[5]

從長遠來看，我相信中國模式和西方模式會同時存在這世界上相當長一段時間。期間，他們會互相借鑒，齊頭並進地發展，誰也不會「吃掉」誰。而我唯一希望的是，在兩個模式長期存在的博弈過程中；中國模式和西方模式各自的發展態勢和格局，能夠基本保持平衡及穩定；能和平相處；能各自妥善管控分歧，不要發生任何戰爭；讓人類可以過一段太平、無痛苦的日子；並能最終把中國所倡導的「人類命運共同體」的理念務實地構建起來，從以達致世界永久和平。

　　大家清楚知道，無論一個國家的治理體系和治理能力的制度構建得如何好和優越，最重要的是，還得有好的官員去執行和予以貫徹落實。正如2020年習近平在第一期《求是》雜誌講的：「制度的生命力在於執行，必須強化制度執行力，加強對制度執行的監督，確保制度時時生威、處處有效。」這當然就涉及到怎樣選賢任能、提拔德才兼備的黨員、官員的制度問題；以及涉及到中國怎樣有效地構建一個讓黨員、官員「不敢腐、不能腐、不想腐」的體制機制[5]和一個高效的監督體制（即一個能監督官員不作為、亂作為、搞形式主義、官僚主義的體制機制）。這一複雜的體系如能建成，當然將會成為中國模式很重要的一大特色。這在《決定》[5]中已有詳細的描述，我在這裏就不再展開討論了。

　　以上所指出的一些中國模式的特色，都是比較容易擺事實講道理與西方模式PK的。但有些與價值觀、意識形態等有關的議題，則比較複雜，這在下幾章內，我會分別作較為深入的討論。

參考資料
（1）張桐策主編，《新中國為什麼成功》，2019年，人民出版社，第245頁（原載於《紅旗文稿》2013年第7期，王天璽，〈中國模式是人類文明的一種嶄新形態〉）。
（2）張維為著，《觸動中國》，2015年，中華書局，第76、78、241、245頁。
（3）〈國家治理體系能力現代化新中國成立百年全面實現〉，《文匯報》，2019年11月1日。
（4）張維為著，《文明型國家》，2018年，開明書店，第30頁。
（5）〈中共中央關於堅持和完善中國特色社會主義制度推進國家治理體系和治理能力現代化若干重大問題的決定〉，2019年10月31日，中國共產黨第十九屆中央委員會第四次全體會議通過，《人民日報》海外版，2019年11月6日。
（6）〈習近平考察上海〉，《文匯報》，2019年11月4日，A6 文匯要聞。
（7）汪同三，〈從政治經濟學視角看我國制度優越性〉，《人民日報》，2020年5月29日。

第2章
中國創建的一國兩制模式

一國兩制是「中國為了實現祖國統一的一項重要制度」[1]。是中國模式的一個重要內容。成功實現一國兩制，講好一國兩制的故事，對促進中國模式的建立，對中國模式話語權的有效伸張，具有一定的重要性和現實意義。

2019年11月1日，全國人大常委會法工委主任、港澳基本法委員會主任沈春耀表示[2]，四中《決定》圍繞按照一國兩制原則立場治理好香港、澳門，提出了一系列工作任務和要求。在這裏我扼要引錄了一些他的意見，方便下面開展討論。

「一是堅持依法治港治澳，維護憲法和基本法確定的特別行政區憲制秩序，完善特別行政區憲法和基本法實施相關的制度機制，堅持以愛國者為主體的『港人治港』、『澳人治澳』，提高特別行政區依法治理水平。

二是完善中央對特別行政區行政長官和主要官員的任免制度和機制、全國人大常委會對基本法的解釋制度，依法行使憲法和基本法賦予中央的各項權力。

三是建立健全特別行政區維護國家安全的法律制度和執行機制，支持特別行政區強化執法力量。

四是完善香港、澳門融入國家發展大局、同內地優勢互補、協同發展機制，推進粵港澳大灣區建設，支持香港、澳門發展經濟、改善民生，着力解決影響社會穩定和長遠發展的深層次問題。

五是加強對香港、澳門社會特別是公職人員和青少年的《憲法》和《基本法》教育、國情教育、中國歷史和中華文化教育,增強香港、澳門同胞國家意識和愛國精神。」[2]

沈春耀還強調:「將進一步健全中央依照憲法和基本法對特別行政區行使全面管治權的制度,堅定維護國家主權、安全、發展利益,維護香港、澳門長期繁榮穩定,絕不容忍任何挑戰一國兩制底線的行為,絕不容忍任何分裂國家、危害國家安全的行為,堅決防範和遏制外部勢力干預港澳事務和進行分裂、顛覆、滲透、破壞活動。」[2]

國務院港澳辦前主任張曉明(註:現為副主任)在《中共中央關於堅持和完善中國特色社會主義制度推進國家治理體系和治理能力現代化若干重大問題的決定》的輔導讀本上撰文,對堅持和完善一國兩制制度體系指出:「一國兩制是中國特色社會主義的一個偉大創舉。香港、澳門自回歸祖國之日起,就已重新納入國家治理體系,成為直轄於中央的享有高度自治權的地方行政區域。 如何在一國兩制下治理好實行資本主義制度的香港、澳門是中國共產黨治國理政已經並長期面臨的一項重大課題。」[3]

「從概念上說一國兩制有多重含義。它是中國政府處理香港、澳門事務的基本方針,也是中央對香港、澳門一系列方針政策的總稱;是中央治理香港、澳門兩個特別行政區基本制度,也是解決台灣問題、實現祖國統一的重要制度;是黨領導人民正在推進的偉大實踐,也是關係到中華民族偉大復興的偉大事業。從制度層面講,香港、澳門回歸祖國以來,依照憲法和基本法設置的特別行政區制度已經確立,中央對特別行政區實行管治的體制機制逐

漸健全，特別行政區內部的機制總體運行良好。事實證明一國兩制是香港、澳門保持長期繁榮穩定的最佳制度。事實證明一國兩制作為一項制度創新，與其他任何新生事物一樣，也需要在實踐中經受檢驗，並不斷加以完善。」(3)

顯然的，2019年在香港發生的這場「修例風波」，充分暴露了香港這一新生事物，在多方面，包括：政治、經濟、社會等出現了一些問題，特別是一些深層次的問題和矛盾，突顯了完善香港治理制度的必要性和緊迫性。因此，怎樣全面貫徹落實基本法，以及一國兩制的方針，是香港特別行政區急需解決的問題。

從這次香港曠日持久的「修例風波」事件，所引起的社會政治動盪和街頭暴亂事件，以及他們所呈現出來的問題和局面的複雜性來看，我們可以把其中暴露出來的一些矛盾和問題，分成以下幾個方面來看待。因為，只要找到了問題，就容易對症下藥，藥到病除。依我的看法，概括起來主要有以下幾個範疇方面的問題：（一）民生和經濟；（二）長期對公職人員和青少年欠缺以下幾方面的教育和引領措施。譬如：「在《憲法》和《基本法》教育、國情教育、中國歷史和中華文化教育」(3)，香港的公職人員和青少年的國家意識和愛國精神，都非常薄弱，對香港在中國崛起應怎樣定位、配合，扮演什麼角色，都完全搞不清楚，找不到目標，或根本不知道怎樣去尋找；（三）「外部勢力在香港一直通過多種方式干預港澳事務，在港澳進行分裂、顛覆、滲透、破壞活動」(3)；（四）對英殖民地主義對港人（特別是對一些精英分子）的長效影響過予低估；使很大批的精英，仍然受西方的意識形態控制，還影響了他們的下一代。這在2019年開始發生的「修例風

波」事件中，以及在區議會的換屆選舉，都表露無遺。（五）香港長期未能完成《基本法》23條本地立法。

有關第（一）個範疇的問題，中央和香港政府都注意到這一問題的重要性，已在採取積極措施予以解決。譬如：加快和增加香港的土地及房屋供應；怎樣讓香港盡快融入大灣區以及國家的發展大局，怎樣讓香港參與「一帶一路」的建設； 怎樣讓香港在經受新冠肺炎疫情的影響，所受到的經濟、金融及民生方面的巨大損害之後，如何重新恢復起來？（同時參考第10章的有關論述）。 在這裏我就不多說了。

有關第（三）個範疇的問題，這與外交有密切的關系，在這裏我只想指出，香港是一個絕佳的地方來宣傳中國模式以及搶佔「中國話語權」的地方，但特區成立之後，我們並沒有充分的把它利用起來，把香港市民（特別是青少年）的思想境界、中國情、國際視野全面地提高。我認為，這是一塊短板，需盡快予以補上。其次，在97之後，香港仍然是外國人宣傳西方模式、實行西方宗教思想壟斷、潛移默化地把「西方價值觀」變為「普世價值觀」塞進港人腦子裏的天堂！用「西方話語權」來遏制「中國話語權」的一個國際自由市場！這局面如不盡快予以扭轉過來，香港的許多問題都會很難解決得了和解決得好！

有關第（二）和第（四）個範疇的問題，我認為這是一國兩制能否在香港搞得成功的最為基本的問題，並且較為複雜。這裏我嘗試提出一些意見和建議供參考。

　　從理論概念來説，香港的公職人員和青少年的國家意識和愛國精神薄弱，是引發許多香港人，可以容忍少數反中、反共、搞所謂「香港自決」、「香港獨立」的暴力破壞極端分子的主要原因之一。不過，在國家和香港政府治理香港特區方面，也存在着「過分寬鬆」的問題。長期讓《基本法》23條無法在香港得到通過，造成香港在法律和制度上，出現很大的一個漏洞。而這一漏洞現今剛被補上（即完成第（五）個範疇的工作），不然，暴力活動將仍會經常性地發生，而香港也將永無寧日。

　　香港許多市民有種感覺，認為中央是「天高皇帝遠」與他們沒有什麼關係，因而造成香港市民與中央，存有一種疏離感（alienation）。其結果是，使一些沉醉和迷信於西方文化，或仍受西方的思想和意識形態控制的人，沒有時間去或不試圖去了解中國的特色社會主義體制的先進性、優越性和發展意圖，去讓他們轉變對祖國的認知和態度。更有些人，在外力的誘導或煽動下，心中滋生「港獨」和反對中央的不正常心理，讓西方模式、西方價值觀等，佔領了他們的心靈。要知道（特別對青年人來説），思想上的爭奪戰，中國自己不去佔領，外國人就會去佔領。中央政府在這方面，還需要再努力一些，實事求是地作出部署和計劃，務求把一些受騙的香港人（特別是青少年）的「民心」盡快奪回來。而最重要的是，必須把中國對香港的話語權，永遠緊握在香港的愛國人士和中央的手裏。

　　97之後，我認為香港出現的另一個問題，就是歷屆香港政府，都犯了一些施政概念上的重大錯失。

　　一. **夜郎自大，不求進取**。97年香港成立特區時，香港的經濟比中國內

地的經濟要好得多。因此,香港的官僚階層(必須説,包括許多香港市民)普遍認為,這是由於香港所實行的資本主義制度,比中國內地的社會主義制度優越,產生了優越感及夜郎自大的心理狀態;不但看不起中國內地所實行的社會主義經濟制度,更受到西方自由經濟思想的長期洗腦,迷信自由經濟的威力,採取所謂「積極不干預政策」以及少做少錯、多做多錯的官僚主義心態,只求保持香港現狀不變,就會萬事大吉。其結果是香港的經濟政策長期固步自封,導致香港的經濟發展愈來愈僵化;最後得要求內地開放自由行等措施,才得維持香港經濟的可觀增長。但遺憾的是,對大量擁來香港的自由行人士,香港政府却沒有做好充足的準備和安排,其結果是引起受影響的香港市民很多的怨氣,再加上香港傳媒等的大事炒作,使一般的香港市民感覺到非常不滿,間接地引發了一些香港人,厭惡內地人的心態和滋生「港獨」的心理,為一些「港獨」分子提供了所需的土壤。

用心理學的概念,可以這樣來解釋,即:好些港人的心態,從「優越感症狀」(superiority complex)的心態,墮入了「自卑感症狀」(inferiority complex)的心態。用簡單一點的語言來說,即:由傲慢與偏見,變成為憤怒與妒忌。(註:這種態度,頗像美國一些政客看待中國的崛起那樣,由傲慢與偏見,變成為憤怒與妒忌。這也就是為什麼,不論是美國的民主黨抑或共和黨,在選舉年,在策略上,都喜歡把中國當靶子來打,把中國視為敵人,重新挑起冷戰的原因。此外,美國還大搞印太戰略,派遣戰艦在南海,威脅中國,試圖把中國鎮壓住。)

二. 井底之蛙,眼光短淺。97年香港成立特區時,中國內地的改革開放正剛開始在具體實行。在改革開放的過程中,難免會犯些錯誤和碰到些阻滯,

這就使香港的官僚看不清和拿不定主意，怎樣去掌握和利用，中國改革開放在各方面的巨大潛力及發展方向；更不懂得（事實上根本沒有這興趣）去研究和探討，中國社會主義的優點在哪裏？對香港的影響在哪裏？而只滿足於守着自己的一畝三分地，坐井觀天；以及少做少錯，不做不錯，不擔當，不負責任，無所作為的錯誤態度！這樣當然就無法看到中國正在大變，變得愈來愈好；而中國在世界的影響力和地位也在大變，變得愈來愈重要，並不斷的在快速上升；無法意識到，我們中華民族正處在一個大發展、大作為的偉大時代，是港澳難得有的這樣一個機會（是千年難逢的機遇），可以進一步促使和幫助港澳與祖國內地共奮進、共繁榮、共創新；做到共贏共享地來建立一個嶄新的，可持續發展的中國模式，為推動人類命運的進化，世界文明的建立，大同世界的實現，作出貢獻。

其次，他們更無法想像中國的社會主義；他們所看不起的共產政權，居然還有這個能耐可以使中國勝過美國。可憐的港人，卻被自己製造的短視鏡阻擋了眼力，被偏見蒙蔽了雙眼、堵塞了兩耳，不去看、不想看、不去聽、不想聽！其影響所及，使我們香港的許多青少年，變成了高度自私自利、鼠目寸光、滿腦充斥着偏見和極端思想的港式民粹主義一族，毫無自信和大志可言，看不到中國的偉大之處在哪裏，更看不到中國今時不同往日，將會引領世界未來的發展，處在一個全球化非常重要的位置；而正是在這方面，港人是可以大有作為，盡情發揮的。但可惜的是許多港人，就連這也無法準確地認知和理解。嗚乎哀哉。

三. **施政錯誤，不去改正。**97年香港成立特區之後，香港政府由於犯了一

些嚴重的治理和施政方面的錯誤，使香港社會積累了許多對香港政府以及中央的疑慮，再加上反中勢力和外國勢力的長期插手干預，因此，香港就不斷的出現政治動盪和暴力活動，這對一國兩制的運行，有着很壞的影響。為了解決這一個問題，我認為必須把中國內地的堅強後盾作用和提高香港自身競爭力妥善地結合起來，融入大灣區和國家的發展大局。而更重要的是香港政府不得再錯誤估計中國的發展形勢和國際治理體系的未來變化，避免影響香港在一國兩制的框架下未來的定位和作用。而這些未來的變化，值得注意的地方，我認為有以下幾個方面：

1. 要清楚看到中國特色社會主義的建設，正在上升的發展階段（ascending development stage），而且發展勢頭非常之猛。有人想利用香港來遏制和顛覆中國特色社會主義的迅速發展，可以説完全是癡心妄想。香港的官員和香港市民必須要認清這一點。再説，作為在香港的中國人，我們有什麼理由去反對中國的發展和崛起呢！香港人有必要花費時間去做這種傻事嗎？讓我們再看看歷史，就應該明白，在清朝建立初期，有許多反清復明人士想推翻清政府，但結果又怎樣呢？起不了任何作用，都是失敗告終。對嗎！

2. 現今中國實行的經濟發展模式，稱為「社會主義市場經濟」；其本質事實上是一種新的「混合經濟」，即：「公有制經濟」＋「民營經濟」＋「計劃經濟」＋「市場經濟」。看一下這世界現今的發展，不論從前是崇尚計劃經濟的國家，抑或崇尚自由經濟的國家，現今或多或少，都需要多種的經濟運作形式、手段來做調節和發展之用；換言之，「有形的手」及「無形的手」都在用和需要用。中國自改革開放以來，都不斷在探索和盡量去利用好這一混合經

濟模式，來推動中國特色社會主義的發展。其結果大家都可以看到，是取得舉世矚目的成就（同時請參考第3章的有關論述）。因此，香港也應認真考慮借鑒一下「中國的經濟模式」，取長補短，作出適當的調整，不要死抱着所謂不干預的經濟政策，而失掉許多大好的發展和轉型**的機會。當然，有人會擔心這樣做會否影響香港的資本主義？會否讓社會主義把香港的資本主義吃掉？這擔心是不必要的，因為中國在不同的國際場合明確表示，資本主義是會在這世界上存在一段相當長的時間；而中國作為一個特色社會主義的發展中國家，還有許多東西要向資本主義學習和借鑒。習近平2017年視察香港時特別強調：「我們既要把實行社會主義制度的內地建設好，也要把實行資本主義制度的香港建設好。」把資本主義制度在香港建設好，是一個現成的讓中國內地可以很好地學習和借鑒資本主義模式發展的地方。因此，我相信很長的一段時間內，中國不可能愚蠢到去把它「毀掉」，而只會不遺餘力地去支持它。並繼續延用，中央對香港的眾所周知的戰略，即：「長期打算，充分利用」。**（註：所謂轉型，並不是指要香港轉向走社會主義的道路，而是要香港在高科技發展方面轉型和大力去創新。因為如果香港在這數字時代（digital age）不這樣做的話，香港的資本主義就難以再繼續發展下去；在國際競爭的領域，就會愈來愈吃虧、困難和無法立足。從前香港曾經有過許多在高科技發展方面的大好機會，就是因為政府不支持、不作為，不干預、而白白被丟失掉了。最有名的錯失，就是沒有把像台積電這樣的半導體企業，在香港建立起來）。

再具體一點，就拿中國未來的發展來講，譬如，中國已有很詳細的計劃來實現「兩個一百年」的目標。而我相信，一國兩制在完成這「兩個一百

年」的時間內，香港的資本主義，不但不會被吃掉，而且中國有很大的需要樂於見到，香港的資本主義制度可以繼續發展得更好（註：這在上面所引的2017年習近平在香港時的講話已非常清楚）。因為這樣是會有利於中央可以看得更清楚，資本主義的本質和優缺點在哪裏，從而方便中央進一步優化、完善和務實中國特色社會主義制度。我認為，中國作這樣的考慮，可以説，是非常之聰明的，也是很實事求是的。其次，中國對中國特色社會主義制度是有高度自信的，是不會怕資本主義的存在或受資本主義污染的。事實上，現今恰恰相反，以美國為首的資本主義國家，倒反而怕給中國的社會主義吃掉；故此在大搞保護主義、全面打壓中國，並在多方面逆自由經濟原則而行。而中國這個社會主義國家，則愈來愈自信，愈來愈開放，愈來愈崇尚支持資本主義的自由貿易原則等。

中國與美國在這方面的博弈，港人難道還看不明白嗎？不斷在上升的中國模式將取代正在逐漸走向式微的西方模式的這一趨勢，難道港人就真的還無法看得清楚嗎？還不懂得怎樣去取捨和追隨西方模式抑或中國模式嗎？還不進一步去推動、支持、發揚、光大我們自己的中國模式！

再就一國兩制來説，要記得一國兩制是中國模式的一部分，而不是西方模式的一部分。中國領導人視一國兩制為「實現和平統一的一項重要制度，是中國特色社會主義的一個偉大創舉」[1]。因此，中國是「絕不容忍任何挑戰一國兩制底線的行為，絕不容忍任何分裂國家的行為」[1]。香港的「港獨份子」或有這種思想的港人，應看得懂和懂得看，這兩句話的意思和力度吧！　港人只有全面配合和協助中央貫徹落實好一國兩制，才是上策；才是港

人之福、國家之福。因此，在一國兩制的框架下，香港不但有責任和義務去維護好香港，而且同時有責任和義務，去促進中國特色社會主義的發展、優化及光大。因為，內地和香港是一個你中有我，我中有你的，命運共同體。而這一共同體與其他的命運共同體相比較（註：見徐是雄編著，《人類命運的演進印跡和路程》（修訂版）一書）更為特殊；故此，我命名其為一種密切形的「連體命運共同體」。因為，內地的一制和香港的一制，是很難分割的；是只能在中國的一國之下才能產生和存在的；是只有在內地與香港共同維護和發展它的情況下，其命運及共同體關係、特色、協同增效作用、「雜交優勢」、潛力和力量，才能充分顯現出來，才能真正得到發揮和發展，才能將其優勢更突出地彰顯出來。

2019年12月3日在紀念澳門《基本法》實施20周年座談會上，當時的國務院港澳事務辦公室主任張曉明，總結了澳門一國兩制實踐的六個特色和亮點，（註：這些特色和亮點值得香港反思）包括：「一.牢牢把握一國兩制的核心要義，旗幟鮮明捍衛國家主權、安全、發展利益。二.牢牢把握一國兩制的法治原則，旗幟鮮明維護憲法和基本法確立的憲制秩序。三.牢牢把握一國兩制的政制設計，旗幟鮮明堅持行政主導體制。四.牢牢把握一國兩制的制度優勢，旗幟鮮明融入國家發展大局。五.牢牢把握一國兩制的主體要求，旗幟鮮明弘揚愛國愛澳核心價值。六.牢牢把握一國兩制的包容特質，旗幟鮮明營造團結和諧的社會風尚。」[4]

而最為重要的是在同一座談會上，全國人大常委會委員長栗戰書進一步指出，澳門《基本法》的成功實踐充分證明：「只有全社會形成廣泛的國家

認同,才能全面準確地實施《基本法》。」⁽⁵⁾ 而在澳門這一工作做得較好,而在香港這一工作則做得並不好。因此,中央和香港還需要努力,想辦法、採取有效措施盡快把這方面的短板予以補上。

3. 中國正在積極參與全球治理體系的改革和建設,以及構建人類命運共同體,這對香港來說是非常好的參與機遇。因為香港作為一個國際化城市,在提供給中國積極參與全球治理體系改革和建設,以及構建人類命運共同體的支撐和發揮香港的功能方面,都可以扮演非常重要的角色及起着多種的作用。但可惜的是,香港政府及許多港人,似乎仍然停留在「捉到鹿不會脫角」的階段。香港政府似乎完全不懂得怎樣去引領香港的青年積極參與全球治理體系的改革和建設以及構建人類命運共同體,為香港和中國爭取更多在這方面的話語權和領導權;而是把香港的發展關在籠子裏,有意無意的在幫助一些走火入魔的港人去搞什麼「自決」、「平衡」;實質是在繼續鼓勵這些人,矮化中國特色社會主義,把中國特色社會主義置放在與香港處在一種,我命名其為「政治社交距離」(political social dstancing)的凝固狀態(fixed mode)之下。假如讓香港政府繼續依這樣的思維方式和道路走下去的話,那麼我怕香港的未來,只能變成為一個微不足道的,供港人孤芳自賞、自我滿足的這樣一個封閉式的小城市。換言之,現今香港作為一個世界級的城市,漸漸就會走向衰落。香港的有識之士,不應讓香港再這樣自甘墮落下去吧!

四. **腦袋閉塞,膜拜西方**。在長期的英殖民者統治之下,香港人的崇洋心理非常嚴重。加上在97後,香港政府在教育方面,犯了許多錯誤。完全沒有

把基本法教育、國情教育、中國歷史和中華文化教育、全球的經濟政治秩序正在發生巨大變化的這方面的教育等，搞好及引向正軌，使香港的青少年大多缺乏國家意識、民族認同、包容心態，以及多元的國際視野；更不懂得，中國正在打造的中國模式，將會逐漸替代西方模式在世界上的引領作用；而這一趨勢，已進入一個不可逆轉的歷史發展階段。但可惜的是，許多香港人面對這一歷史趨勢、這一大好形勢，似乎仍然是無動於衷；其麻木笨拙程度，可以說差不多已到了無藥可救的地步。是時候，中央和香港必須好好的去解決這些長年累月積聚下來的問題，才能使香港重新振作起來。我們不能讓香港，就這樣走衰下去，我們必須順從現今歷史的發展潮流和規律，努力把香港這一局面扭轉過來。我們更不能讓香港變成為「政治病毒」或「政治毒瘤」。我希望《港區國安法》的實施，能起到撥亂反正的作用，讓香港逐漸走上正軌。

其次，從這次香港始於2019年發生的頻密的「黑暴」事件，我們還可以看到，香港已喪失了最少一兩代青年人，因為這些年輕人，已被喪心病狂、仇恨心理、失去理智、無人性、凶殘的意識和行為，霸佔了他們的頭腦和心靈，陷入一種泯滅人性的瘋狂心理狀態。因此，就算有了《港區國安法》，對於那些被毒害的青年，我們還要費大力氣和採取有效措施才能挽救他們。包括，由人大常委會立法批准特區成立「採用國家統一中小學教科書委員會」。

當今，美國看到中國不斷的在崛起，很快就有可能會超越美國，挑戰美國的世界霸權地位；因此，美國的政府和政客，相信仍然會繼續在香港想方設法不斷煽動一些港人在明裏和暗裏搞「顏色革命」，而更會動用其惡毒的

「長臂管轄」方法，把所謂《香港人權與民主法案》及《香港自治法》，來破壞香港的繁榮穩定，破壞一國兩制，阻止中國完成統一台灣的工作和中華民族的復興事業。《港區國安法》實施之後，我看還需要一段很長的時間，才能把問題徹底予以解決。

而在這一段時間內，香港更要好好的學習一下2019年12月20日，習近平在慶祝澳門回歸祖國20周年大會暨澳門特別行政區第五屆政府就職典禮上對澳門成功實踐一國兩制的成功經驗：「一.始終堅定一國兩制制度自信；二.始終準確把握一國兩制正確方向；三.始終強化一國兩制使命擔當；四.始終築牢一國兩制社會政治基礎。」[6] 他還同時提四點希望：「一是堅持與時俱進，進一步提升特別行政區治理水平。二是堅持開拓創新，進一步推動經濟持續健康發展。三是堅持以人為本，進一步保障和改善民生。四是堅持包容共濟，進一步促進社會和諧穩定。」[6] 我認為，只有做到這些，香港才能行穩致遠，對國家、對世界、對中國這種新型的社會主義政治體制的建立，對人類命運的進化可以作出更多有益的貢獻。

而更特別值得指出的是，正如習近平所強調的，還必須把香港年輕人的愛國主義教育搞好。而我認為，習近平在慶祝澳門回歸祖國20周年大會場合，所強調指出的一個重要觀點，也是他要我們牢記心中的，就是：「愛國主義教育對於一國兩制順利實施的基礎性和關鍵性作用、歸屬感和民族自豪感」[7]，是非常非常之的重要。而我認為，這不但重要，並且是香港政府必須立刻採取行動，盡快予以貫徹落實的頭等大事。希望香港政府不要再在這一問題上猶疑不決，而是要大刀闊斧地對香港的教育進行有效的改革和創新。

《全國人民代表大會關於建立健全香港特別行政區維護國家安全的法律制度和執行機制的決定》

2020年1月15日中聯辦主任駱惠寧在新春酒會上的致辭中說，香港人：「不管什麼樣的政治光譜，都應形成這樣的共識，認同一國、珍惜兩制，是香港同胞的福祉所繫，也是香港明天的希望所在。我們相信，堅守一國之本、善用兩制之利，香港未來一定能寫下『香港好、國家好；國家好、香港更好』的嶄新篇章。」[8]

2020年4月4日，中聯辦主任駱惠寧在中聯辦網站發表，題為《堅守一國兩制事業初心堅持依照憲法和基本法治港——寫在基本法頒佈30周年之際》的文章中，進一步強調指出，如要堅持和完善一國兩制體系，我們一定要「堅守一國兩制事業初心，要求我們充分認識到維護國家主權、安全、發展利益與保持香港長期繁榮穩定是相輔相成，不可偏廢其一的。『皮之不存，毛將焉附』。如果國家主權、安全、發展利益得不到維護和保障，香港穩定就成了無源之水、無本之木。維護國家安全是全面準確貫徹一國兩制方針的核心要求、也是特別行政區根據基本法必須履行的憲制責任，只有建立健全特別行政區維護國家安全的法律制度和行政機制，強化相應的執法力量，堅決防護和遏制外部勢力干預香港事務和進行分裂、顛覆、滲透、破壞活動，才能確保香港長治久安。」[9]

與中聯辦主任駱惠寧以上所說有直接關係的，就涉及到我在上面所指出的，第五個範疇問題，那就是香港長期未能完成《基本法》23條本地立法。由於這一個原因，香港在維護國家安全方面，出現了一個大的漏

洞。2020年5月29日〈央視快評〉指出:「自香港回歸以來,一國兩制、港人治港、高度自治得到全面有效實施,香港居民享有的自由與權利前所未有,但自2019年發生『修例風波』以來,『港獨』、『黑暴』、『攬炒』等危害國家安全的暴力活動愈演愈烈,外部勢力與『台獨』、『港獨』分子內外勾結,毫無底線干涉香港事務,以致香港社會動盪、經濟凋弊、民生維艱。」(10)

為了保障香港的長期繁榮穩定,為了進一步務實香港的法律架構,為了築牢一國兩制的安全堤壩,2020年5月28日,十三屆全國人大三次會議表決通過《全國人民代表大會關於建立健全香港特別行政區維護國家安全的法律制度和執行機制的決定》。會議指出:「近年來,香港特別行政區國家安全風險凸顯,『港獨』、分裂國家、暴力恐怖活動等各類違法活動危害國家主權、統一和領土完整,一些外國和境外勢力公然干預香港事務,利用香港從事危害我國國家安全的活動。為了維護國家主權、安全、發展利益,堅持和完善一國兩制制度體系,維護香港長期繁榮穩定,保障香港居民合法權益,《基本法》的有關規定,全國人民代表大會作出如下決定(11):

一.「國家堅定不移並全面貫徹一國兩制、港人治港、高度自治的方針,堅持依法治港,維護憲法和《香港特別行政區基本法》確定的香港特別行政區憲制秩序,採取必要措施建立健全香港特別行政區維護國家安全的法律制度和執行機制,依法防範、制止和懲治危害國家安全的行為和活動。

二. 國家堅決反對任何外國和境外勢力以任何方式干預香港特別行

政區事務，採取必要措施予以反制，依法防範、制止和懲治外國和境外勢力利用香港進行分裂、顛覆、滲透破壞活動。

三. 維護國家主權、統一和領土完整是香港特別行政區的憲制責任。香港特別行政區應當盡早完成《香港特別行政區基本法》規定的維護國家安全立法。香港特別行政區行政機關、立法機關、司法機關應當依據有關法律規定有效防範、制止和懲治危害國家安全的行為和活動。

四. 香港特別行政區應當建立健全維護國家安全的機構和執行機制，強化維護國家安全執法力量，加強維護國家安全執法工作。中央人民政府維護國家安全的有關機構根據需要在香港特別行政區設立機構，依法履行維護國家安全相關職責。

五. 香港特別行區行政長官應當就香港特別行政區履行維護國家安全職責、開展國家安全教育、依法禁止危害國家安全的行為和活動等情況，定期向中央人民政府提交報告。

六. 授權全國人民代表大會常務委員會就建立香港特別行政區維護國家安全的法律和執行機關制定相關法律，切實防範，制止和懲治任何分裂國家、顛覆國家政權、組織實施恐怖活動等嚴重危害國家安全的行為和活動以及外國和境外勢力干預香港特別行政區事務的活動。全國人民代表常務委員會決定將上述相關法律列入《中華人民共和國香港特別行政區

基本法》附件三，由香港特別行政區在當地公布實施。

七. 本決定自公布之日起施行。」[11]

在會議期間，港澳辦主任，夏寶龍在會見港區政協委員時指出，中央訂立《港區國安法》的三個主要原因[12]：「1. 守護一國兩制初心、保障香港繁榮穩定、人民生活安定；2. 打擊極少數搞『港獨』、黑暴等亂港分子；3. 香港非法『佔中』到『暴亂』已觸碰了中央底線，中央亦忍了很久，港人和14億內地人民都要求中央出手。」[12]

從人大十三屆三次會議通過的決定，我們可以清楚看到，中央對落實一國兩制的決心是堅定不移的。夏寶龍在會見港澳區全國人大代表和全國政協委員時進一步強調指出：「無論遇到什麼困難，美國等外部勢力如何指指點點干預，全國人大作為最高權力機關，通過了《港區國安法》立法決定，就沒有人可以阻撓。」[13]

2020年6月8日，港澳辦副主任張曉明，在香港特別行政區舉辦的香港《基本法》頒布30周年網上研討會上指出，人大通過的《港區國安法》決定，是有很牢固的法理依據的：「最基本的是三條：一是國家安全事務本來就是中央統一管理的事務；二是維護國家安全立法本來就屬於中央事權；三是任何國家在打擊危害國家安全的犯罪方面都會採用一切管用的措施，毫不手軟」[14]。他進一步指出：「應看到，建立健全香港特別行政區維護國家安全的法律制度和執行機制，也是完善一國兩制制度體系、推進國家治理體系和治理能力現代化的重要組成部分。3年前召開的中共十

九大，已把一國兩制確定為14項治國基本方略之一」[14]。因此，從中央的角度，「應該是，國家安全的底線愈牢，一國兩制的空間愈大」[14]。所以，進一步完善一國兩制的建設，維護好一國兩制的安全運作，對國家安全的重要性和戰略意義，現今，大家都應可以看得非常清楚和明白其原因及理由。

2020年6月12日《文匯報》的社論，很透徹的把張曉明在香港《基本法》頒布30周年網上研討會上的演講作出了解讀，指出：「中央希望香港在國家新時代改革開放繼續發揮不可替代的獨特作用，繼續扮演世界與中國內地之間的超級聯繫人角色。在這個大方向下，國家安全底線越清晰、屏障越牢固，香港越安定繁榮；香港與內地互信感情越深，香港的優勢就越凸顯，包括人權、自由、民主等各方面的發揮空間就越大。這個道理和好處顯而易見，中央出手訂立港區國安法，的確是香港由亂入治、浴火重生的轉機、契機。」[15]

而我寫這本書的其中一個目的，就是希望在香港《港區國安法》立法之後，抓住機會，做一些思想意識方面「撥亂反正」的工作，確保香港長治久安，有利於香港未來發展以及讓港人（特別是香港的年輕人）對一國兩制事業的初心，對中國模式，有一個正確的認識和理解。特別是涉及到，譬如西方國家喜歡經常掛在嘴邊，用來吹噓自己，打壓中國的「人權、自由、民主」等問題，並被許多這些香港人頗「欣賞」和「認同」的所謂西方價值觀，把他們說得透徹一點，弄明白其中的誤解和錯誤的看法及理解。這些問題，我會在下面的章節內，分別深入地作出分析和討論。

小結

扼要地來説，大家都清楚知道一國兩制是在《基本法》的法律框架下建立起來的。因此，有關怎樣貫徹落實好香港特別行政區的治理工作，當然首要的是一切都必須尊重和依照《基本法》來辦事。這一淺易的道理，相信香港人都懂。但由於我上面所指出的原因，香港特別行政區在具體落實《基本法》以及一國兩制時，為什麼就不那麼一帆風順呢？為什麼就會出現這麼多的問題呢？

究其原因，簡要地來説，我認為是大家都沒有把一國兩制的意義，從實事求是和實際的角度去思考，以及試圖用較為簡易和具創意的語言來解釋一國兩制，而是過分聚焦在政法的層面去解釋一國兩制和《基本法》。這樣做，對一般的香港市民來說（特別是一些青少年學生）就難以理解和入腦。因此，下面我試用一個較為簡單的方法，來分析闡繹什麼是一國兩制。

先説一國兩制的兩制，就是指：1.中國內地所實行的「中國特色社會主義制度」（用M來表示）和2.香港特別行政區所實行的「資本主義制度」（用H來表示）。理論上，一國兩制的發展，是可以從以下四方面發展，而產生四種不同的發展模式（註：參考現今人人都懂得的，在新冠肺炎疫情過後，用英文字母來表示經濟復蘇可能出現的：V，或U，或W，或L的經濟反彈情況），即：

（一）M和H可以平行地發展（develop in parallel），即：所謂井水
　　　不犯河水模式，可以把這一模式簡化成：［M ‖ H］；

（二）M與H相比較：M的影響力愈來愈大，H愈來愈小，遲早M 把H「吃掉」（M takes over H），我們可以把這一模式簡化成：〔M〉H〕。

（三）M與H相比較：H的影響力愈來愈大，M愈來愈小，遲早H 把M「吃掉」（H takes over M），我們可以把這一模式簡化成：〔H〉M〕。

（四）M和H產生協同增效作用（synergistic effect），即M和H可 以相輔相承，產生互利雙贏及互利倍增的效果，我們可以 把這一模式簡化成：〔M+H = ∞〕，即：〔M+H = 無限 量發展機會〕（infinite opportunities and possibilities）。

從以上的四個模式，大家都可以清楚看到，第（四）個發展模式，當然 最為理想。而這一模式，必定「對國家深化改革開放和中華民族偉大復興的貢 獻也會越來越大」[14]，這是可以肯定的。但可惜的是，自香港特別行政區成 立以來，港人並沒有朝這一方向或道路去發展和努力。而是反方向而行，被一 些香港的壞人、美國的政客和CIA等操控，跌入「集體被催眠」而不自知的境 地。因此，我殷切希望，在新冠肺炎疫情過後，港人能覺醒起來，重新出發， 沿着第（四）個發展模式，這唯一正確的道路邁進；因為，在一國兩制的境況 下，只有作出這樣的選擇，港人才能走出困境，邁上康莊大道！

其次，香港作為一個國際化城市，從全球化的文化、文明、經濟的發展 格局來看，這第（四）種發展模式，也是最符合中國所倡導的構建「人類命

運共同體」的理念；務實中國模式的建立；以及順應未來世界的發展趨勢最為理想的模式。而也只有這一模式，才能讓兩制可以行穩致遠，達致互不排斥、相互包容、合作共贏、共同繁榮的最理想的目的及境界。

我不知道，為什麼香港仍然有這麼多的人，還弄不明白這麼淺易的道理！只能說這反映了港人的非理性弱點。就像在新冠肺炎肆虐期間，有些人（特別是有些西方人士）反對戴口罩、反對隔離等，道理相同；反映了人性非理性的一面（相當於心理學家所說的一種「集體（或群體）失智」、「集體失判」、「集體失德」的心理狀態）。所以，怎樣使這些迷途的香港人，能盡快的醒覺過來，看來只有一個辦法：那就是先從教育好香港的年輕人着手；而這一任務，與完善《港區國安法》立法相比較，同樣重要；但其困難度，可能要比完善《港區國安法》的立法等工作要艱難得多。因此，我認為一國兩制能否成功，主要是要看在香港實行的一國兩制教育，能否成功；看香港人對中國模式是否可以理性地去予以認同，以及能為推動一國兩制和中國模式的構建，作出積極有用的貢獻。我更希望，香港的有識之士，能夠有這個恒心和智慧，賦予一國兩制更多創新的能量和機會，讓它可以為中國模式的未來發展，添加更多實質性和獨特的力量，來戰勝西方模式。

而有關必須首先重新建立健全香港的教育體系，教育好香港的年輕人的問題，2020年5月28日香港中聯辦嚴正指出：「香港的成功來之不易，教育事業為香港的繁榮發展奠定了人才基礎。」但「近年來有政治團體和別有用心的政治勢力千方百計地把政治帶入校園，令學校的正常教學秩序受到極大衝擊，使香港教育呈現一些觸目驚心的亂象，嚴重影響青少年的健康成長。」「香港教

育亂象暴露出來的一個突出問題，就是國家觀念與國民身份認同在不少青年學生身上的嚴重缺失」。「香港社會各界和教育工作者有一個共同的使命，就是要建立年輕一代對一國兩制的價值認同，努力培養青年學生的國家民族認同，造就國家和香港的合格建設者，這是實施一國兩制對香港教育界的必然要求，也是香港教育界的社會責任。」「教育有着鮮明主權屬性，在培養合格國民、厚植國家情懷這個大是大非問題上，只有『一國』之責，沒有『兩制』之分。」「中央政府堅定支持特區政府行使教育管治權，在堅持香港教育傳統優勢的同時，加強憲法和基本法教育，加強國家安全教育，加強國民教育和國情教育，建立健全與一國兩制相適應的教育體系。」「希望香港各界與特區政府一道，痛定思痛、正本清源，引導學生明是非、行正道、守法治，努力為香港下一代營造健康成長的環境，為一國兩制事業行穩致遠提供強大的教育支撐」。(16)

但我認為，除對中小學生要予以正確的教育之外，更重要的是要加強對香港的大學生的愛國情懷的教育，讓他們清楚認識到，現今中國對世界發展的影響力，中國模式的價值觀和力量，以及中國在推動人類，建設未來的人文、文化、科學、社會、心理、思想、工業、創新等文明的演進中，將有可能會起到非常重要和關鍵的作用。其次，在香港學術界的研究方向和話語權方面，中央還應在香港的大學之內或之外，多建立幾個具高質量的研究中國特色社會主義發展的研究中心（最好是在香港的各大學之內），把中國模式的話語權在香港建立起來；不要再讓西方模式的話語權，繼續壟斷香港的學術界及思想界，讓香港的知識分子，做西方模式的傳聲筒、木偶和打手。我們如能在香港的教育、學術、思想界的上層建築，加強建設力度，那麼一國

兩制的政治基礎就會更穩妥和牢固，香港對中國未來的發展，對建立以中國

為中心的，世界未來全球化的新秩序，才可以作出更大和更具創新的貢獻。

參考資料

（1） 《中共中央關於堅持和完善中國特色社會主義制度推進國家治理體系和治理能力現代化若干重大問題的決定》，2019年10月31日，中國共產黨第十九屆中央委員會第四次全體會議通過，《人民日報》海外版，2019年11月6日，06要聞。

（2） 〈一國兩制底線絕不容許挑戰〉，2019年11月2日，《文匯報》，A1文匯要聞。

（3） 〈堅持和完善一國兩制制度體系〉，國務院港澳辦主任張曉明在《〈中共中央關於堅持和完善中國特色社會主義制度推進國家治理體系和治理能力現代化若干重大問題的決定〉輔導讀本》撰文（全文），2019年11月9日，《文匯報》，A4文匯要聞。

（4） 張曉明，2019年12月3日，紀念澳門《基本法》實施20周年座談會上的講話，2019年12月4日，《文匯報》，A2、A19 文匯要聞。

（5） 栗戰書，2019年12月3日，紀念澳門《基本法》實施20周年座談會上的講話，2019年12月4日，《文匯報》，A2、A19 文匯要聞。

（6） 習近平，2019年12月20日，在慶祝澳門回歸祖國20周年大會暨澳門特別行政區第五屆政府就職典禮上的講話，2019年12月21日，《文匯報》。

（7） 張曉明，〈習近平為一國兩制實踐指明路向〉，2020年，《求是》雜誌，2020年1月2日，《文匯報》，A5 文匯要聞。

（8） 2020年1月15日，中聯辦主任駱惠寧在中聯辦2020年新春酒會上的致辭：〈共同珍惜香港這個家〉，2020年1月16日，《文匯報》。

（9） 2020年4月4日，中聯辦主任，駱惠寧在中聯辦網站發表的文稿：〈堅守一國兩制事業初心 堅持依照《憲法》和《基本法》治港——寫在基本法頒布30周年之際〉。

（10） 央視快評：〈為一國兩制築牢安全堤壩〉，《文匯報》，2020年5月29日。

（11） 2020年5月28日第十三屆全國人大三次會議表決通過《全國人民代表大會關於建立健全香港特別行政區維護國家安全的法律制度和執行機制的決定》，2020年5月29日，《大公報》。

（12） 夏寶龍（2020年5月27日）會見參加全國政協十三屆三次會議全體港區全國政協委員時的講話，2020年5月28日，《文匯報》，A1。

（13） 夏寶龍（2020年5月29日）會見參加全國政協十三屆三次會議全體港澳區全國人大代表和全國政協委員時的講話，2020年5月29日，《文匯報》，A5。

（14） 張曉明，〈國家安全底線愈牢一國兩制空間愈大〉，2020年6月8日，在香港特別行政區舉辦的香港《基本法》頒布30周年網上研討會的講話。2020年6月12日，《文匯報》，A12。

（15） 〈果斷出手解政治困局港人全面享穩定紅利——解讀張曉明在《基本法》研討會上主題演講系列社評之四〉，《文匯報》，2020年6月9日，A5。

第3章
中國模式的經濟觀

　　中國特色社會主義的經濟制度，主要的特點是選擇和採用了一種「公有制為主體、多種所有制經濟共同發展，按勞分配為主體、多種分配方式共存，社會主義市場經濟體制的經濟制度。」⁽¹⁾這一經濟制度之所以在中國能夠成功，根據《中共中央關於堅持和完善中國特色社會主義制度推進國家治理體系和治理能力現代化若干重大問題的決定》所闡述的有關內容（註：我在下面對有關內容作出了一些微調），主要是因為：「1.能夠與中國的社會主義初級階段社會生產力發展水平相適應，2.充分發揮市場在資源配置中的決定性作用，3.能夠較好的發揮政府作用，4.能夠做到堅持全國一盤棋，更好調動各方面積極性，集中力量辦大事，5.能夠把社會主義的制度和市場經濟有機結合起來，不斷解放和發展社會生產力，6.基於中國是一個多民族的國家，中國能夠做到對待各民族一律平等，鑄牢中華民族共同體意識，共同團結奮鬥、共同繁榮發展，7.能夠做到有效全面貫徹新發展理念，堅持以供給側結構性改革為主線，加快建設現代化經濟體系。」由於中國的經濟體系在多方面有其一定的優越性，因此，自從新中國成立以來，中國「創造了世所罕見的經濟快速發展奇蹟和社會長期穩定奇蹟。」⁽¹⁾

　　而特別值得指出的是，中國發展「中國社會主義市場經濟」（socialist market economy）所堅持的以下四個未來的發展方向最為重要。因為這四個發展方向，我認為，不但能保證中國社會主義市場經濟的可持續發展（sustainable），同時還能創造出更多「中國社會主義市場經濟」的各種新穎

的特色元素。而這些元素，應是講好中國故事，闡釋中國模式不可或缺的重要內容。

這四個未來的發展方向，在2019年10月31日中國共產黨第十九屆中央委員會第四次全體會議通過的《中共中央關於堅持和完善中國特色社會主義制度推進國家治理體系和治理能力現代化若干重大問題的決定》[1]，講得很清楚，我在下面引錄幾段強調一下：

一.「建設更高水平開放型經濟新體制。實施更大範圍、更寬領域、更深層次的全面開放，推動製造業、服務業、農業擴大開放，保護外資合法權益，促進內外資企業公平競爭，拓展對外貿易多元化，穩步推進人民幣國際化。健全外商投資准入前國民待遇加負面清單管理制度，推動規則、規制、管理、標準等制度開放。健全促進對外投資政策和服務體系。加快自由貿易試驗區、自由貿易港對外開放高地建設。推動建立國際宏觀經濟政策協調機制健全。外商投資國家安全審查、反壟斷審查、國家技術安全清單管理、不可靠實體清單等制度。完善涉外經貿法律和規則體系。」[1]

二.「推進合作共贏的開放體系建設。堅持互利共贏的開放戰略，推動共建『一帶一路』高質量發展，維護完善多邊貿易體制，推動貿易和投資自由化便利化，推動構建面向全球的高標準自由貿易區網絡，支持廣大發展中國家提高自主發展能力，推動解決全球發展失衡、數字鴻溝等問題，推動建設開放型世界經濟。」[1]

三.「積極參與全球治理體系改革和建設。高舉構建人類命運共同體旗

幟，秉持共商共建共享的全球治理觀，倡導多邊主義各國國際關係民主化，推動全球經濟治理機制變革。推動在共同但有區別的責任、公平、各自能力等原則基礎上開展應對氣候變化國際合作。維護聯合國在全球治理中的核心地位，支持上海合作組織、金磚組織、二十國集團等平台機制化建設，推動構建更加公平合理的國際治理體系。」(1)

四.「科技創新方面以及科技創新體制機制方面的建設，完善科技創新體制機制，弘揚科學精神和工匠精神，加快建設創新型國家，強化國家戰略科技力量，健全國家實驗室體系，構建社會主義市場經濟條件下關鍵核心技術攻關新型舉國體制。加大基礎研究投入，健全鼓勵支持基礎研究，原始創新的體制機制。建立以企業為主體、市場為導向、產學研深度融合的技術創新體系，支持中小企業和各類主體融通創新，創新促進科技成果轉化機制，積極發展新動能，強化標準引領，提升產業基礎能力和產業鏈現代化水平。完善科技人才發現、培養、激勵機制，健全符合科研規律的科技管理體系和政策體系，改進科技評價體系，健全科技倫理治理體制。」(1)

從以上我們可以清楚看到中國模式的其中一些比較重要的發展中國特色經濟的概念。假如把這些概念扼要地概括起來，便可以更清楚地看到中國的經濟在不斷的完善和創新方面正在實施的許多具體舉措，以及在一定程度上已經做到或力求能進一步做到的事情，包括：

1.「堅持擴大開放，增加商品和服務進口，擴大外資市場准入，加強知識產權保護，形成全方位、多層次、寬領域的全面開放新格局」。(2) 即是說，中國希望做到的是：共建開放合作、開放創新、開放共享、開放市場的

公平自由的世界經濟以及多邊主義的全球經濟。這與現今美國正在搞的單邊主義、貿易保護主義的「美國模式」，完全不一樣；與許多歐洲國家崇尚的「民粹主義模式」或傾向於打造所謂「歐洲模式」（European way of life）又不一樣，（同時參考下面有關中國怎樣進一步開放的闡述）。

2.「遵循共商共建共享原則，秉持開放綠色廉潔理念，推進高質量共建一帶一路」[2]，與金磚國家、RCEP（Regional Comprehensive Economic Partnership）國家等合作，提供發展機遇，踐行多邊主義，實際和具體地做，以彰顯和務實中國模式的發展理念。

3.「致力於共築更加緊密的中非命運共同體，構建攜手共進的中拉命運共同體，構建開放包容、創新增長、互聯互通、合作共贏的亞太命運共同體，朝着構建新型國際關係、構建人類命運共同體的目標不斷邁進」[2]。這顯示具特色的中國模式正在驅動着新工業革命夥伴關係的建立；而人類命運共同體的構建，則代表了一種新的國際秩序正在形成，逐步替代着西方模式所形成的舊的國際秩序。

4. 在「世界形勢正在發生許多新變化，新一輪科技革命和產業變革、生產力進步」[2]快速發放之際，敢於將「企業合作同新工業革命夥伴關係結合起來」[2]，在創新、數字經濟、綠色經濟等方面，先行先試；把中國模式所倡導的「人類優先」的理念，進一步予以落實，從而驅動人類命運的進化朝着更包容、更高級的發展層次邁進。（註：所謂「人類優先」的理念，指的是要以更開放的心態和舉措，共同把全球市場的蛋糕做大、把全球共享的機制做實、把全球合作的方式做活，共同把經濟全球化動力搞得愈大愈好、阻力搞得愈小愈好」。）[3]

5.在中國發展經濟和改善民生方面，從歷史的視角來看，如張維為所說，創新地實行了社會主義市場經濟。即「力求通過市場經濟取得資源配置的最優化，通過社會主義來保證宏觀穩定和社會的公平正義。」[4] 這種大膽的做法，不但驅動和支撐了中國的經濟能高速發展，同時還影響了和衝擊着全球的經濟發展，以及現今迫切需要的，在全球經濟秩序方面的重新調整及更為合理的安排。這一點我認為，也應被視作為「中國經濟模式」其中的一大特色。而且更應是如張維為所說的是：中國模式對西方模式，「特別是對美國新自由主義模式的超越」[4]。

中國模式的特色中的特色

中國的進一步開放

2019年11月5日，在第二屆中國國際進口博覽會開幕式的演講中，習近平指出：現今「世界經濟發展面臨的難題，沒有那一個國家能獨自解決。各國應該堅持人類優先的理念，而不應把一己之利凌駕於人類利益之上。我們要以更加開放的心態和舉措，共同把全球市場的蛋糕做大、把全球共享的機制做實，把全球合作的方式做活，共同把經濟全球化動力搞得愈大愈好、阻力搞得愈小愈好。為此，我提出以下幾點倡議。第一，共建開放合作的世界經濟；第二，共建開放創新的世界經濟；第三，共建開放共享的世界經濟。」[3]

以上習近平所提出的倡議，可被視作為中國對外開放的國策，以「開放促改革、促發展、促創新，持續推進更高水平的對外開放。」[3] 因此，中國對外開放的這一國策，姑勿論從哪一個方面和角度去衡量，如：經濟、社

會、法律、國家的治理制度等，都應該可以被視作為中國模式的一個最大、最亮麗的特色！

中國選擇踐行多邊主義

中國是多邊主義的踐行者。2019年12月1日，王岐山在廣州出席2019成都國際論壇開幕致辭時說：「和平與發展是時代主題，多邊主義是人類必然選擇，擴大合作、共同發展是世界各國的廣泛訴求，以聯合國憲章宗旨和原則為核心的多邊主義實踐成果豐碩。」「中國是多邊主義的踐行者和捍衛者，也是受益者和推動者。當前，世界政治經濟格局深刻變化，新一輪產業與技術突飛猛進，利益多元、思想多樣特點更加鮮明，人類面對的共同挑戰更加突出，國際治理體系需要與時俱進。近年來，經濟全球化出現波折，單邊主義、保護主義、民粹主義興起，從根本上衝擊多邊主義理念和秩序。選擇融合還是分隔，合作還是紛爭，世界期待理性回答。中國始終堅守聯合國憲章宗旨和原則，廣泛參與國際組織和國際公約，積極承擔國際責任，恪守世貿組織規則，為推動世界經濟復甦增長作出重大貢獻。中國堅持和平發展、堅定支持多邊主義，就是要維護好自身的發展環境，通過自身發展造福世界。中國的發展不是要取代誰，不會在世界上擴張稱霸，而是秉持共商共建共享的全球治理觀，推動實現國際關係民主化。中國主張構建新型國際關係、打造人類命運共同體，根植於中華文化「天下為公」、「和而不同」的傳統理念，以共創更加繁榮美好的世界為目標，以合作共贏為核心，以國際規則為基礎，以公平正義為要義，以多邊機制為依托，以有效行動為導向。」(5)

從王岐山的講話，我們可以看到中國模式的又一大特色，那就是全方位支持多邊主義，願與世界上所有的國家，建立「共商共建共享的全球治理觀，推動實現國際關係民主化」⑸。中國的做法，與美國完全不一樣：美國只讓自己有「民主」（特別是喜歡「長臂管轄」其他國家、干預其他國家的民主），但絕對不讓其他國家有同等的「民主」，更不讓國際關係朝向民主化的道路發展，因為這樣會影響美國獨霸天下的意圖！

建設現代化經濟體系

2019年12月6日習近平主持中共中央政治局會議時指出，搞經濟工作一定要：「堅持穩中求進工作總基調，堅持新發展理念，堅持以供給側結構性改革為主線，堅持以改革開放為動力，推動高質量發展」⑹，才能加快中國現代化經濟體系的建設。同時，還要全面做好「六穩」工作，即：「統籌推進穩增長、促改革、調結構、惠民生、防風險、保穩定，因為只有這樣做，才能保持中國經濟運行在合理區間。」⑹ 而為了要保證中國經濟能穩定地運行，中國還採取了一系列措施，包括：「全面從嚴治黨，堅持和完善黨和國家監督體系，強化對權力運行的制約和監督，一體推進，不敢腐、不能腐、不想腐，建設高素質專業化紀檢監察幹部隊伍。」⑹ 我認為，中國如能夠做到有效地「穩經濟」和「反腐敗」，那麼這將會成為中國模式特色的一個非常重要的亮點，也將成為建設中國現代化經濟體的一個巨大成功標誌；因為直至現今，不論是發展中國家還是發達國家，許多還未能充份掌握好「穩經濟」和「反腐敗」，這一能促進一個國家快速健康發展的開關或門匙！

西方的經濟模式也可能會改變

　　瑪喬麗‧凱莉、泰德‧霍華德在他們合著的《民主式經濟的誕生》一書中

引美國經濟學家約瑟夫‧斯蒂格利茨（Joseph　Stiglitz）的話説：「我們的經

濟制度是民有、民治、民享的，但只給百分之一的人民。」[7] 因此，瑪喬

麗‧凱莉、泰德‧霍華德指出：「從本質上來説，這樣的制度有我們所稱的資

本偏見（capital　bias）現象：在現有經濟體系中，對金融家和資本家有着無形

的偏袒，對非資本家則有偏見。另外，我們也可以把整個如此運作的體系稱

作為『榨取式經濟』（extractive　economy），因為這體系的目的只是為了

讓金融大亨能夠在全球各地榨取最大利益，而且完全不用理會對勞工、環境以

及在地社區所造成的傷害。」[7] 故此，他們建議美國應建立一種新的經濟制

度，並命名其為：「民主式經濟」（democratic　economy），其內容主要包括

以下七項原則：社群原則（principle of community）、包容原則（principle of

inclusion）、地方原則（principle of place）、好工作原則（principle of good

work）、民主所有權原則（principle　of　democratic　ownership）、永續性

（principle of sustainability）、道德金融原則（principle of ethical finance）」

[7] 。以上這些原則與中國模式所推崇的部分相同，值得研究和借鑒。但就美

國來説，在美國這種以選舉文化為主導的政治體制下，要實行這些原則，看來

將會非常困難。現今拜登代替了特朗普執政，如要改變也並不容易，因為特朗

普所實行和力挺的「榨取式經濟」模式或「美國模式」（即：美國的西方模

式）的影響會被保留下來　，因為這是「 美國模式 」的核心。

如要西方的經濟模式改變 首先要政治思維的改變

2019至2020年所爆發的全球性的新冠肺炎流行病，重創了全球的經濟。大家都擔心在疫情過後，經濟的全球化發展，會否停滯不前，或全面解體；或向「碎片化」、「區域化」、「產業回歸」方向發展。

美國前國務卿基辛格2020年4月3日在《華爾街日報》發表了題為：〈新冠病毒大流行永遠改變世界秩序〉一文，他說：「應對疫情西方制度敗了，全球化腳步將會停下來」。文中他還強調指出：「現在，在一個被撕裂的國家中，需要高效且有遠見的政府來克服前所未有的、巨大的、全球範圍的障礙。維持公眾的信任，對社會團結、社會之間的關係以及國際和平與穩定至關重要。國家的團結和繁榮，是建立在這樣一種信念上：其國家制度能夠預見災難，抑制其影響並恢復穩定。當新冠病毒大流行病結束時，許多國家的制度將被視為是失敗的。」因此，怎樣處理新冠病毒大流行病，對任何一個國家來說，都是一道大的考題。而對中國模式vs西方模式這兩個模式來講，在防控疫情方面，孰優孰劣，也是一道大的考題。

基辛格認為，對美國政府來說，這要看美國「將能否控制住病毒的傳播，然後能否以一種方式和規模徹底扭轉局勢，以維持公眾對美國人自我治理能力的信心」。基辛格的言外之意，似乎是他看到美國人民及許多美國州政府，對特朗普政府處理新冠病毒的大流行，在一定程度上已失去了信心，因為特朗普做了許多錯誤的決策，基辛格作為一位共和黨人，當然不方便明言。

另一方面，基辛格更指出：「美國不再是唯一的強權國家，它必須認清現實，承認中國是一個平等的對手。」換言之，美國在處理新冠病毒的大流行，一定要認真考慮怎樣與中國合作；而不要把與中國的合作，看成為一種權宜之計。美國更不應「再沉醉在其清教徒般的平庸和無知」，搞「中國威脅論」，「美中脫鈎論」；中美必須共同去維護他們的共同利益，因為這是中美兩個大國，共同的挑戰。

從基辛格的文章中，我們可以清楚看到，他對中美關係是有非常深刻的認識，知曉中美關係，是世界上最重要的雙邊關係；而這一關係，對中國，對美國，對世界都是非常重要的。而處理好中美關係，肯定是有利於美國的根本利益和長遠利益。在文章中，他強調指出：「認為國家要滿足人民的基本需求、安全、秩序、經濟福祉和正義」才是正道。如果美國走歪了路，那就必須盡快予以糾正。現今拜登做了總統，他能否選擇走正道，我們拭目而待。

從全球化的角度來看，未來的世界的發展主要是靠創新和科技。因此，未來世界經濟的發展，新工業的崛起，數字經濟的支配地位的建立，以及新的經濟增長點、增長極的出現，都得靠顛覆性的科技革命和科技創新發展來培育和支撐。而要做到這一點，全球性的科技合作是關鍵。故此，在「後疫情時代」，我們有必要重新評估全球化的弊端，不應再繼續搞各自為政的「單邊主義」，更不應把核心技術，用作武器來打擊別人，或掐別人的脖子。因為，這樣做不但不能彌補全球化的短板，而只會遏制科技及經濟發展的寬度和深度，這對任何國家，明顯的都沒有好處。也難以進一步讓世界秩序，經濟全球化的進程，朝着

建立數字化經濟的生態環境挺進，從而務實和優化經濟全球化的發展。

我們必須明白，在以後的歲月裏，我們要的是，全方位利用科技手段：搞創新；推動全球化產業鏈、供應鏈、工業鏈的智能化、數字化；完善全球經濟貿易的進一步開放；與世界各國，建立更多合作、共贏、互補、互助的戰略夥伴關係；促使人類命運共同體，朝着更成熟的方向構建和發展。另一方面，在疫情後時代，我們可能還要化更大力氣，說服美國放棄謀求霸權的意識形態；不要墜入新興大國與現成大國必有一戰的修昔底德陷阱。我們更要想方設法，助推文明朝多樣性的「全球化文明」的方向發展，並努力避免任何形式的大規模衝突的出現。因為歷史已經清楚告訴我們，文明的衝突，只會為人類帶來災難。

不過，實事求是地說，我們還需意識到，要達到以上目的，並不是一件容易的事。因為西方模式至今的「歷史成就」、「文化沉澱」、「歷史使命」，並不會就這樣容易走向沒落和終結；其文化傳統、工業文明，人文力量，也不會這樣快就起質的變化；西方模式長期積累的對中國模式的偏見和敵意，也不會因為西方模式的一時失敗，立刻消失。相信，在疫情後的一段時間內，中國模式和西方模式至今所營造的全球經濟，將會面臨百年的大變局。這對未來全球的經濟、社會、民生、政治秩序的衝擊及影響，不但會非常之巨大，並且有可能會逼迫全球化的進程，作出多方面的改變和調整。因為，西方模式國家很有可能會對中國模式挑起更多磨擦，施加更多脅迫性、欺凌性的壓力。

不過，不論這疫情後變局，朝哪個方向發展，對於中國來說，正如2020年4月8日，習近平在中共中央政治局常委會上所說的：「總體要求是要堅持

底線思維，做好較長時間應對外部環境變化的思想準備和工作準備」。而首要的準備，我認為，就是先要把中國自己的事做好，然後才去「兼施天下」。只有這樣，我們才能把中國模式築牢；創造更好的條件與西方模式作長期艱苦的鬥爭。我們需要秉持構建人類命運共同體的理念，團結一切可以團結的力量，做好多方面的反擊戰準備。因為現今已有許多跡象顯示，美國在疫情後，可能會採用軟硬兼施的手段，逼迫一些西方國家（包括一些台獨和「港獨」分子），共同來威脅及圍攻中國；並在經濟全球化問題上，繼續搞「去中國化」、「污名化中國」、「污蔑中國」的策略；把中國作為靶子來打，摧毀中國模式的政治影響力及其經濟地位。

「先要把中國自己的事做好」的另一層意思就是，在新冠肺炎疫情過去之後，中國必須花更大力氣用改革創新的辦法解決疫情後出現的發展問題，「需要我們立足當下的同時放眼未來，謀劃長遠，着力體制性、機制性改革，掃除制度性障礙、激發市場活力」[8]。並要以改革為切入口「有效盤活「沉睡」要素資源、激發「蟄伏」發展潛能，在全球經濟形勢起伏跌宕的艱難困境中，靠改革找出路，以改革促發展，用改革開闢一片新天地」[8]。

而尤其重要的是要促進「新基建」的發展。而所謂「新基建」指的是：「以新發展理念為引領，以技術創新為驅動，以信息網絡為基礎，面向高質量發展需要，提供數字轉型、智能升級、融合創新等服務的基礎設施體系」[9]。具體一點來說，就是根據國家發改委對「新基建」的規劃概念所作出的基礎設施體系[9]，把它建立起來；具體就是把「新基建」的基礎設施體系分成以下三個方面予以貫徹落實好：

（一）信息基礎設施，包括：5G、物聯網、工業互聯網、衛星互聯網、人工智能、雲計算、區塊鏈、數據中心、智能計算中心。

（二）融合基礎設施，包括：深度應用互聯網、大數據、人工智能、智慧能源、智能交通。

（三）創新基礎設施，包括：重大科技、科教、產業技術創新。

相信在不久的將來，這些基礎設施體系的建立將會對進一步豐富和支撐中國模式的發展，起到重要的關鍵性作用；是中國模式vs西方模式分出勝負的分水嶺。

參考資料

（1）2019年10月31日中國共產黨第十九屆中央委員會第四次全體會議通過的，《中共中央關於堅持和完善中國特色社會主義制度推進國家治理體系和治理能力現代化若干重大問題的決定》。

（2）習近平，2019年11月14日，金磚國家領導人第十一次會晤（在巴西首都巴西利亞舉行）發言，題為：〈攜手努力共譜合作新篇章〉。《文匯報》，2019年11月16日，A9 文匯要聞。

（3）習近平，2019年11月5日，在第二屆中國國際進口博覽會開幕式的演講，題為〈開放合作 命運與共〉，《人民日報》海外版，2019年11月6日。

（4）張維為著，《文明型國家》，2018年，開明書店，第28頁。

（5）王岐山，2019年12月1日，在2019成都國際論壇開幕致辭，《文匯報》，2019年12月2日，A14 中國新聞。

（6）2019年12月6日，中共中央政治局會議：〈分析研究2020年經濟工作 研究部署黨風廉政建設和反腐敗工作〉，《人民日報》海外版，2019年12月7日。

（7）瑪喬麗•凱莉（Marjorie Kelly）、泰德•霍華德 （Ted Howard）合著，楊理然譯：《民主式經濟的誕生》（The Making of a Democratic Economy - Building Prosperity for the Many, Not Just the Few），2019年，遠流出版，第42頁。

（8）央視快評：〈善於用改革的辦法解決發展中問題〉，《文匯報》，2020年4月21日，A7 文匯要聞。

（9）〈發改委界定「新基建」城際高鐵未納入〉，《文匯報》，2020年4月21日，A6 文匯要聞。

第4章
中國模式的宗教觀

宗教在西方模式中佔着非常重要的位置。而宗教在中國模式中,則佔着非常不重要的位置。這是因為西方人和中國人,對神或宗教的重視程度和虔誠度是很不一樣的。

張維為在他著作的《這就是中國》一書中,分析有關西方宗教問題時指出:「歐洲歷史上有上千年的宗教戰爭,不同宗教之間,同一宗教內部不同的教派之間都進行過無數戰爭,有人甚至說,這樣的戰爭今天還在繼續。這很大程度上與西方的一神教傳統有關。一神教傳統往往意味着:你和我的信仰不一樣,你就是異教徒,我是正確的,你是錯誤的,乃至邪惡的,我必須把你變得與我一樣,否則你就是我的敵人。」[1]

但中國則不一樣,「中國傳統文化本質上是包容與綜合的,所以中國歷史上出現了儒、釋、道互相交融、相得益彰的局面,使中國成功避免了長期宗教戰爭的煎熬,這大概也是中國歷史得以延續數千年而沒有中斷的主要原因之一。當年伏爾泰、萊布尼茨、斯賓諾莎等歐洲啓蒙思想家面對政教合一、宗教戰爭頻發的歐洲,都高度羨慕和讚揚中國這種他們稱為『自然宗教』的傳統,也就是切近自然、非政治化、非零和遊戲的偉大傳統。當然中國還有一個傳統,**就是不允許宗教干預政治,所以中國政教分離的傳統源遠流長。**」[1]

並且「中國也沒有傳教士的傳統,中國從來不想改變別人的信仰或者把自己的模式強加於人。歷史上,只有西方的傳教士到中國來,沒有中國的傳

教士到歐洲去。如果説很多發展中國家今天把眼光投向中國模式，那很大程度上，是因為他們嘗試了西方模式卻失敗了，甚至是非常慘痛的失敗，所以他們想從中國經驗中獲得啟發，這是發展經驗的交流，對於發展中國家，對於包括美國在內的西方國家，對於整個人類社會都是有益的。中國從來沒有要推銷自己的模式。」⑴

另一方面，在張維為的另一本的著作《文明型國家》中，他進一步指出，從「總體上看，在中國佔主導地位的儒家思想，比基督教包容得多，基督教神學的絕對排外與儒家『包容並序』的理念大相徑庭。這也是為什麼西方歷史上宗教戰爭持續了上千年，至今都陰魂不散。相比之下，中國漫長的歷史中也有各種各樣的衝突，甚至有規模不小的『文字獄』，但中國沒有種族滅絕，沒有宗教法庭，也沒有長達上千年的宗教戰爭，不僅如此，中國還形成了不同宗教長期共存、儒釋道互補、多元文化『和而不同』的統一國家。」⑵

上面講了，美國及歐洲（即西方）與中國比，在宗教方面的歷史和文化都不一樣，但美國與歐洲在宗教方面，還是有差別的。「美國與歐洲的一個很大差別就是宗教勢力的影響更大。特別是9.11事件以後，美國的宗教情緒愈來愈濃，禮拜天教堂人滿為患，由此而產生的就是一種更加強化了的美國『傳教士精神』，認定美國是上帝的『特選之國』，而且是『惟我正統別人都是異教』。加上前面説的『民主和平論』和『歷史終結論』，這一切終於導致了美國把民主也宗教化，力求在全世界傳播美式民主的『福音』。只要這個超級大國的這種心態不變，世界和諧恐難實現。」⑶

我很同意張維為以上的分析、觀察和評論。就拿香港的情況來說，長期以來香港是一個中西文化交融聚集的地方，也是中西宗教文化的一個交匯處。但在宗教的傳播方面，基督教和天主教是有一定的優勢，因為香港在被英國殖民期間，予基督教和天主教的傳播、佈道等，提供了許多方便和優惠政策（註：傳播基督教義，是西方武力入侵中國，殖民中國的其中最主要的目的之一）。而特別重要的是，讓基督教和天主教的教會控制了許多好的中小學（註：即許多所謂香港的名校）。通過這些具有宗教背景的名校，培養了一大批具宗教信仰的精英，來協助英殖民者的統治。1997之後，這一格局基本無多大變化，造成香港雖然已回歸了祖國，但這一大批具宗教信仰的精英以及他們的心，看來還沒有真正的回歸。因此，怎樣使這些具宗教信仰背景的精英的心，能盡快的回歸祖國，是一個影響「一國兩制」能否成功的其中的一個重要關鍵。下面我就這一個問題作出一些分析，並提供一些解決辦法。

1.「無神論」與「有神論」的妥協之道

　　大家都清楚知道，根據科學和唯物論的邏輯推理，人類應都是無神論者。而中國政府也因要照顧到「國情」和實際所需，所以並不強制要求人民必須都是「無神論」者。更沒有要求「有神論」者或宗教人士，必須放棄他們的信仰。現今中國政府所採取的是非常中國傳统化的，建基於中國本身的中華文化根基的「包容」（inclusive）態度，讓各種信仰可以在中國和平共存及長期存在。中國政府基本上，只要求各宗教對自己的「教義教規作出合符時代進步要求的闡釋」[4]，而不要違背中國社會主義的核心價值觀、世界觀；當然，也不希望中國的宗教界人士，完全依附和順從西方的宗教觀和價

值觀，這樣就可以了。更沒有必要去爭論，到底神是存在，還是不存在的問題。因為，這一個問題，在人類歷史上，已爭論了很久，雙方都無法提出足夠的證據，證明神是存在的還是不存在的。因此，為這一問題而導致戰爭，更是非常之的無聊，沒有任何意義和必要。就讓這一議題，永遠懸在那裏就可以了。事實證明，不解決這一個問題，對人的人生幸福和受的苦難；生活得美好與否；人與人能否和平相處；人活得是否有意義等；都不會有太大的影響。因為，客觀的事實是，相信有神還是不相信有神，人還是要活下去，還是可以好好的在這地球上生存下去的。許多流行性疾病，並不區分您是信神還是不信神，人人都有同等機會被感染。假如我們人類自己不設法去醫治病患者，那麼患者就會死亡。這次新冠肺炎在全球的蔓延，還不說明問題嗎？神有辦法救得了病患者嗎？我們只能靠科學和醫護專業人士，才能救得了患者！

2. 世界上信仰「有神論」的人在減少

現今世界上信仰「有神論」的人（特別是年輕人）正在不斷減少，究其原因，據我的分析，大概有以下幾個原因：

一. 自歐洲啟蒙運動對科學和理性的逐步得到肯定和被尊重，教會的威信不斷受到挑戰，而步入衰落。期間達爾文的進化論的提出，以及科學家不斷的發現和提出的證據顯示，生物（包括人類）並不是神創造的，這對宗教來說，是很大的打擊；促使宗教「有神論」的說服力愈來愈蒼白無力。

二. 宗教的基礎是建立在人的愚昧和迷信之上。當科學的力量愈來愈強大，人的教育程度以及科技思想不斷飛速的在提高；建立在人的愚昧和迷信

的宗教的市場，變得愈來愈狹窄和逐漸在萎縮。現今人們對宗教的看法，有了很大的改變，不信神的人愈來愈多，而需要信仰來拯救人類走出苦難的意識也愈趨淡薄。人們也不希望看到有宗教之間的摩擦和戰爭，更不希望看到任何人利用宗教去引發戰爭。

3.直至現今，還沒有人能拿出任何證據，證明有神（或鬼）的存在。

就算什麼奇蹟、神蹟、聖蹟，也沒有人能證明有過或發生過（奇蹟、神蹟、聖蹟，只有在傳說中存在）。事實上，歷來人類所受到過的病痛、災難的折磨，也只能通過自己的努力和依靠醫藥科技手段，才能自救和從苦難中解脫出來。這次新冠肺炎的得到控制，更證明了這一點。靠求神拜佛，似乎都起不了什麼作用！連神職人員也要尊重戴口罩、隔離等手段，才能自救。這次的新冠肺炎流行病，清清楚楚的顯示，人類只能靠團結合作，採取有效措施，共同努力去解決，才是最好的選擇！任何人不遵守科學的防疫措施，不遵守衛生規定（如：不戴口罩、不肯保持社交距離、不願意隔離等），就是在害自己及害別人。

　　三. 讓我們從較為宏觀的角度來看宗教問題。假如神是存在的話，那麼神應是「包容」和「大愛」（all love and no hatred）的化身；但為什麼世上又有這麼多人要受疾病、傷殘、先天性的殘廢等痛苦的煎熬呢！神的大愛去了哪？再深入一點去問，既然神是大愛，而且還是無所不能，無所不在的話，那麼萬能的神又怎能讓邪惡的魔鬼在這世上為非作歹？魔鬼又是否神創造的？假如是的，魔鬼與神又是什麼關係？到底是魔鬼的力量比神大，還是神的力量比魔鬼大？又為什麼要把人創造出來，然後把人夾在中間，做磨心呢？

四. 現今大家雖然都知道，求神拜佛是解決不了任何問題的，也拯救不了人類受病痛、流行病侵襲、天災、戰爭等之苦。不過，我認為宗教的存在，還是有其一定「價值」的，因為所有正規的宗教（排除邪教在外），都有勸人向善的功能；予人心理上所需的安慰和慰藉的功能；協助追求幸福生活，減少痛苦的功能；以及幫助傳承道德和優秀文化的功能。由於以上這些原因，所以我認為宗教的存在，是有其一定需要的。但宗教人士，最重要的是不應也不要去做「強制性」或「脅迫性」的佈道傳教活動；不要強迫人去信神；不要做排斥或打壓其它宗教之事。宗教界應多宣揚宗教之間互相尊重、包容、和平共處的「大愛」精神才對。

五. 具體一點來説，為了達致以上目的，我建議所有的宗教都應作出合符時代進步的要求，盡量減少洗腦式的傳教活動，減少參與各種教育活動。應集中力量多做慈善工作，特別是要多做為老人服務的慈善工作。從前人的壽命很短，所以很怕死（特別是早死），因此要祈求神來延長其在今世或來世的生命。但現今，愈來愈多的人，都可以活到自然生命的終點（have a natural life span），所以延長生命已不是現代人的訴求；或更準確地説，現今的人都清楚知道，如果能保持身體建康，人是可以活到生命（或壽命）的極限的（natural limit）。因此，假如我們能理性地來看待這一個問題，那麼人類如能活到這一極限，是否應該感到滿足了！而沒有必要再去求什麼「長生不老」或「來世」的幸福，這種癡心妄想。我認為，現今人類所需要的是，要讓人（特別是在年老時）：**活得快樂，死得有尊嚴**（註：這與有沒有神，已毫無關係了。但假如宗教能給他們一種心理上的平靜和安慰，讓他們認為死後還有「生命」，能「輪

迴」等，那也無所謂，就把它看作為一種文化傳承，沒有必要去特別反對這種想法，且用包容的態度去看待吧！）。

其次，宣傳人死後，可以進「天堂」什麼的，有需要嗎！「天堂」是什麼地方有人知道嗎？「天堂」只是存在神話裏的世界！在現今這一高度發達的科技世界，有理智的人，還能相信這種非理性的荒誕之說嗎？

現今人類已進入新時代，我認為所有的宗教都應是時候來一個大轉身，或範例的轉變（paradigm shift）。只有這樣宗教的繼續存在下去才有意義；對推動人類文明的進步，人類命運的進化，才有價值。而這一大轉身，在中國（包括香港、澳門在內）最易成功，並可成為中國模式的一個非常具特色的重要內容。並希望大家好好的研究一下，我下面提出的有關建議。

我認為如果中國的五大宗教能依我上面所建議的作出適當的轉型，朝着如全國政協民族和宗教委員會2019年11月26日在北京召開的宗教界主題協商座談會上所指出的中國化的方向邁進，就可以「逐步形成具有中國特色、符合時代發展要求的宗教思想體系，務實宗教與社會主義社會相適應的思想基礎」[5]，有效「抵禦極端思想、異端邪說的侵蝕」[5]。具體一點說，這一方向，就是要做到五大宗教能長期互相尊重、尊敬、包容、團結、向善；共同追求和保障世界和平；共謀我們人類人人都有一個幸福的生活、幸福的人生和死得有尊嚴。不要把自己的信仰強加於別人，要別人去接受（不管別人有沒有信仰，或有哪種信仰）。

除此之外，我認為所有的宗教都應通過各自的教義教規，建立一個宗

教界的共通點或共識，那就是：要宣揚大愛的精神（註：即是説要愛世上所有的

人，姑勿論他們有沒有宗教信仰。其次，正如新啟蒙運動的學者所推崇的，宗教界也必須

承認：**發揚大愛的精神**，並不一定要通過信神）[6]；反對一切仇恨、暴力、戰爭；

大力宏揚包容、寬容、和平的理念；以達致這個世界可以永遠太平，人類命

運可以在這個世界上健康順暢地不斷進化。這我認為，才是宗教界應貢獻給

人類的文化傳承。其次，宗教作為一種可以慰藉人類心靈、平靜和撫平存在

人心中，與生俱來的畏懼感、驚恐感、膽怯心理等，是都有其一定的角色及

存在價值的。如果中國的宗教界都以這為目的，那將是進入新時代之後，中

國模式能給予人類的非常重要的新貢獻。而這一目的，我認為對中國來説，

應容易達到；因為中國的歷史、傳統和文化，從來都沒有出現過嚴重的宗教

矛盾、衝突和戰爭。換言之，中國在這方面，並沒有任何的包袱。中國的宗

教，在中國模式應呈現的是一種：融通、交融、相互借鑒、相得益彰的關

係，以及一種高尚的道德情操和精神。

　　具體一點來說，當我們進入新時代，中國首先應聚焦，先在中國構建一個「宗教與人類命運共同體」。當這一「宗教與人類命運共同體」的共識和理念一旦建立起來，必定會影響世界上其他各種宗教的重新定位，以及轉換他們各自的發展方向；使人類可以最終共同構建一個理想的大同世界。而要達致這樣的一個理想的大同世界，並不一定要遵循如哈佛大學心理學教授，史堤芬・賓可 [6] 所推崇的，建立一個「沒有神的大愛世界」（註：其難度太大了）；而我認為，最重要的是，只要我們人類能達致一個「沒有宗教鬥爭的大愛世界」就可以了（註：上面已經講過，對人類的生存來說，神存不存在根本就不重要。為「有神」或「無神」而去爭論或引發戰爭，是人類可以做的最最愚蠢之事！有這個必要去這樣做嗎？）　假如中國能做到這樣，那不但對建立宗教的一體化，對構建「宗教與人類命運共同權」，以及鑄牢「中華民族共同體」[4]意識，都有極大的意義和好處。

參考資料

（1）張維為著，《這就是中國》，2019年，上海人民出版社，第241-242頁。

（2）張維為著，《文明型國家》，2018年，開明書店，第125-126頁。

（3）張維為著，《觸動中國》，2015年，中華書局，第221頁。

（4）汪洋，2019年11月26日〈全國政協民宗委召開宗教界主題協商座談會〉，2019年11月27日，《人民日報》海外版；及2020年12月3日《人民日報》。

（5）全國政協民族和宗教委員會2019年11月26日在北京召開的宗教界主題協商座談會，圍繞〈以社會主義核心價值觀引領各宗教對教義教規作出符合時代進步要求的闡釋〉，2019年12月5日，《文匯報》，A21版，《人民政協》專刊，第329期。

（6）Steven Pinker, *Enlightenment Now：The Case for Reason, Science, Humanism, and Progress*, 2018, Viking。（翻譯本：《再啟蒙的年代》，陳岳辰譯，2020，商周出版。）

第5章
中國模式的民主觀

張維為在他所著的《這就是中國》一書中精闢地指出：「長期以來，西方對中國的主流政治敘述是基於一種極其淺薄而又充滿偏見的分析範本，即所謂的民主還是專制的話語範式，而什麼是民主，什麼是專制，又只能由西方一家來界定。」[1]

那麼西方又是怎樣來界定所謂的民主政治制度的呢？籠統的來說：就是實行多黨制和普選制（即一人一票的選舉制度）。西方認為世界上任何一個國家，唯有實行這種政治模式，才可以算得上為真正的「民主國家」。假如任何一個國家不實行這種政治模式，那麼這些國家都必定是「專制國家」。（註：同時見第1章，有關西方的「二元」（binary）思維方式）。而專制國家，西方就必須採取一切不擇手段的手法予以推翻、打倒。而長期在不擇手段地做着推翻其他國家的就是美國。可以這樣說，美國是西方國家之中最為積極起勁這樣做的一個，是領頭羊，是老大。究其原因，很簡單，美國除了要大力「維護」其對西方民主的「信仰」高地之外，更重要的是，要藉此讓美國永遠成為世界「民主霸主」的地位。這樣美國就可以更方便、更容易操控和滲透（利用金錢、宗教、CIA等）其他的所謂民主國家和地區的政權，來維護美國的利益和權威。看看美國是怎樣對待和操控南韓、日本、台灣的政權的，便一清二楚了。

更離譜的是，美國為了要改變屬於非西方國家政權意識形態的國家的政權，還經常利用民主作為噱頭，對那些國家策動顏色革命、搞阿拉伯之春，

去破壞和顛覆那些國家的政權。這在中東、南美、非洲的許多國家，美國都有淋漓盡致的表演，其結果是使這些受政治禍害蹂躪的國家，長期陷入內戰，人民苦不堪言。這些國家出現亂局，並不是美國擔心的問題。事實上，這些亂局的出現，對美國來說，是會有很大好處的。因為在這種情況下，美國的軍火商便可以有大筆的生意可做，美國的資本主義就可以更繁榮發達（註：這種做法，比採用殖民主義，剝削其它的國家更為優越，因為打着民主的旗號，去剝削其他的國家，美國的選民會非常容易接受，認為他們的國家是在做好事！）而美國的政客、政黨，又可以從那些軍火商得到許多政治捐獻來搞所謂民主選舉，支撐美國的民主持續發展下去。可見美國在做的，是拿民主作為幌子，在世界各地造孽，打壓、欺凌、利誘別的國家，向美國靠攏，聽從美國的指揮。而可悲的是，真的有好些人、好些國家都給美國忽悠了、騙了。而最為突出、可悲和具傳奇性的例子，就是蘇聯的「民主解體」，因為戈爾巴喬夫、葉利欽這些蘇聯的領導，都被美國的政客徹底忽悠了，而蘇聯的人民則也完完全全的被騙了。（註：這可以解釋，為什麼現今大多數俄羅斯的人民，會支持實行「威權」政治的普京，讓他長期執政。因為他們顯然對實行如美式的或西方模式的民主，完全失去了信心或產生懼怕心理。）

美國又經常拿着「人權」「民主」雙重標準（註：即對其他國家要求很高，對自己則要求很低）的所謂「民主外交」來操弄及「長臂管轄」（註：即是説；用美國國內自己的法律來管轄和干預別國的內政）其他國家。近期，美國就把中國作為目標，將所謂《香港人權與民主法案》簽署成法，「長臂管轄」香港，目的是要干預香港事務，操控香港的治權，以及「美國化」港人的意識形態。然

後，再利用香港，來進而顛覆中國，把西方民主的那一套模式硬塞給中國，搞垮中國的現政權，讓中國四分五裂。假如美國真的這樣得逞的話，那麼我相信，中國將會走上與阿富汗、伊拉克、利比亞、敘利亞等國那樣的路，不斷走衰、戰亂不停，而難以有翻身之日。所以中國是絕對不能夠走西方民主（或「西方民主模式」）的路的，因為美式或西方民主是「木馬」，對中國來說是陷阱、是要把中國推上死路。

下面我想盡我所能客觀地分析一下，中國為什麼不能採用西方的民主模式。如果採用了，那麼其成功的機會又有多大？依照我的估計，其成功的機會肯定是零。因為在中國實行西方的民主模式，一定會水土不服，並遭到中國人民的大力反對的，理由很簡單：

一. 中國是一個強大統一的國家，西方民主撼動不了她

馮友蘭在他所著的《中國哲學簡史》論述中指出，秦始皇在公元前221年「第一次真正實現了中國的統一，但是在他之前很久，中國人便久而期盼出現一個『天下』一統的中國。《孟子•梁惠王上》記載，梁惠王問孟子：『天下惡乎定？』孟子回答：『定於一。』梁惠王又問：『孰能一之？』孟子回答：『不嗜殺人者能一之。』」[2] 孟子的話清楚反映了時代的願望。從秦統一中國至今，可以看到統一是中國歷史的主流，是鞏固和發展中華民族的基因，在期間雖然出現過分裂，但又能夠重新走向統一，成為世界上四大文明古國中唯一能夠實現文化歷史持續不斷、適應能力特強、韌力充沛的統一國家。假如中國採用了西方的民主模式，那麼中國就會陷入內戰；中國的統一就會徹底的被破壞；中國國家、國土就會四分五裂；中國人民就會被軍閥、

西方國家隨意魚肉和蹂躪。如有人不相信這一可能，那麼就看看其他的幾個古文明大國的下場。他們都是因為無法維持高度的統一而走向沒落的。

其次，我們可以再看一下歐洲的情況和歷史。歐洲由於在前期，國與國之間長期爭戰不休、種族之間無法團結、宗教之間又頻乃互相爭鬥，使歐洲長期無法一統起來。在後期，就算歐洲的許多國家都建立了西方式的民主政體，搞了個歐盟（European Union），但大家還是無法和諧共處，各自仍然堅持自我為中心的心態，只顧聚焦在為自己的國家爭取利益，這在以下發生過的幾件事，就可以看得一清二楚：英國的脫歐（Brexit）；新冠肺炎肆虐歐洲時，國與國之間，不願意合作抗疫；許多國家試圖爭取獨立；好些國家被民粹主義思潮挾持，而難以為歐洲共同的利益作出妥協和讓步，導致歐洲的整體發展和利益受到很大的損害。但像中國這種強而有力的統一的國家，與歐洲就不一樣，可以很容易統籌全國的力量來做大型跨區的工程建設。例如：建高鐵；搞南水北調；滬蘇浙共同開發長三角，解決長三角生態綠色一體化；實行保護長江；抓好黃河流域生態保護和高質量發展大型跨區的工程建設；用全國之力去保護「中華水塔」，在青海三江源建立國家公園，築牢生態屏障。而在歐洲那樣國家和主權四分五裂的情況下，要解決像中國那樣大的跨區工程建設，幾乎是不可能的；特別是在西方式的多黨民主制度的運作情況下，只要有一兩個國家的選民（或政黨）不同意，或國與國之間有利益方面的衝突，大型跨區的工程建設就無法辦得成。幸運的是，中國作為一個統一的大國，只要對整個國家有利的事，地方上的人民都會表現出一種團結、自覺、理解、容忍的氣概和態度，自動地作出犧牲，放棄部分自己的利

益及小我，去成全大我，維護大局，支持國家的整體發展利益。中國作為一個統一的國家，在這方面的優越性顯而易見。所以西方的民主制度，對中國的發展是全無好處可言，而且在中國也是完全無法行得通的。而這一點，作為中國人容易明白，而西方人由於種種原因就難以理解。

具體一點來說，就是中國作為一個統一的國家，可以做涉及全國範圍的大事，而在西方的所謂民主國家就會非常之困難。可以再舉幾個實例說明一下，譬如：中國在全國範圍，很容易就可以搞許多大型的基建項目（包括新基建項目），而西方則很難。其他如扶貧；環境治理；在新冠肺炎肆虐期間封城、組織全國醫療人員支援武漢，並運用中國社會主義制度的優勢發揮，應對風險挑戰衝擊等，這些對民生影響巨大的工程，中國都可以有序地，把他們搞得很成功，但西方國家則不能。這些都是明擺着的事實。但我不明白，為什麼西方國家，要逼迫中國走西方式的民主道路？憑什麼他們認為西方模式比中國模式優越？他們為什麼要我們放棄走我們自己所創建的，可以使國泰民安，人類和平發展的康莊大道？

為了要保證統一、鞏固統一，中國因此必須得有自己的一套理政治國的體制，而不能採用西方式容易製造國家分裂的所謂民主體制。因為西方式的民主體制，是一種崇尚抗爭性的民主（confrontational democracy），其結果是容易造成國家及人民之間的撕裂（highly divisive）、仇恨（hatred）和鬥爭（war）。而中國所實行的，則是一種協商式的民主（consultative democracy），這種協商式的民主，可以較有效地解決分歧，達致共識，以及做到團結、共商、合作的目的。

但有人會反駁説，西方式的抗爭性民主體制，是有其一定的好處的，因為它可以提供很好的權力的互相制衡（check and balance）機制，有效限制權力的被濫用。但事實證明，西方式的民主體制，為了限制權力被濫用，經常會引發爭權奪利、黨爭等，走極端（often go to the extremes）的做法，使內部矛盾，變成為你死我活的敵我矛盾，導致國家容易陷入長期的「民主亂局」和「民主政治憂鬱」（democratic doldrums），而更嚴重的是會被推入「無政府主義的民主」（anarchic democracy）的境地，而導致無法作出對國家有效的治理和管治。這種現象在現今許多採用了西方式的民主體制的國家已成了常態！而美國這一自以為最好、最民主的體制，在面對這次防控新冠肺炎疫情的鬥爭中，則把自己的衛生防疫工作搞得一團糟；地方與聯邦政府之間出現巨大的治理上難以調和的矛盾；權力被特朗普總統濫用來搞選舉連任而不是防疫，使疫情無法得到遏制，而陷入重重危機。美國的民主體制，遭到如此重大的衝擊，完全無招架之力。如果中國也採用美國這種西方式民主體制，那不是在自找煩惱、自討苦吃、自尋死路嗎！

　　現今中國的體制，則不會出現美國這種問題和混亂局面的。而在限制權力被濫用方面，中國正在採取有效的措施作深入改革，對中國唯一的執政黨，即：共產黨，作出自我嚴格要求，建立一套治理體系和治理能力現代化的制度，以及對執政黨和國家的監督體系，把權力有效地關進籠子裏。當然，要建立一套完善的新制度，並不是一件容易的事，需通過長期的運作和實踐的檢驗才能確立起來，不可能一蹴而就，也不可能一勞永逸。但我深信，只有中國自己創建的政治體制模式，才最能夠有效保證中國的統一、人

心的穩定、人民的安居樂業，中華優秀文化得以傳承和發揚光大，以及天下太平。而最重要的當然是，中國還必須努力把中國模式，進一步加以優化，讓其更有秩序、透明、嚴謹和可持續發展下去，使中國的統一堅如磐石。

二.中國只能採用中央集權和選賢任能的中國式的協商民主治國模式才能成功，而不能採用多黨制、輪流坐莊、三權分立的西方式民主模式

馮友蘭在《中國哲學簡史》中還進一步指出，秦始皇統一中國之後，他還「廢除以領地分封皇室、諸侯的舊法，改在全國設郡縣，把政治集中，在中國創立了中央集權的龐大帝國。」中央集權制，對保證中國的統一起着重要的作用。而能夠支撐中央集權制順利運行長久不衰的關鍵，是因為中國自隋朝起，就開始採用科舉制來選拔官員。這一制度被歷朝沿用，成了中國傳統政治文化的一個重要組成部分。現今新中國也承接了這一制度，並將其優化和改革，使其更能適應現今的中國特色社會主義的政治體制發展所需。簡要地説，就是中國認為首要的是必須先健全執政黨的執政能力及領導水平的制度，同時還要建立一套適合中國特色社會主義的「民主集中制」，選用德才兼備（即做到「選賢任能」）的黨員、幹部、官僚形成一個核心，來治理國家。同時，必須堅持人民主體地位，與人民一齊「堅定不移走中國特色社會主義政治發展道路，健全民主制度，豐富民主形式，拓寬民主渠道，依法實行民主選舉、民主協商、民主決策、民主管理、民主監督，使各方面制度和國家治理更好體現人民意志、保障人民權益、激發人民創造，確保人民依法通過各種途經和形式管理國家事務，管理經濟文化事業、管理社會事務」[3]。

中國共產黨承接了中國這一傳統的中央集權制的原則，創建了全國人民代表大會和中國人民政治協商會議來共建、共商、共治中國。全國人民代表大會是中國的最高國家權力機構，是在執政黨領導下，依據憲法行使人民賦予的權力。而國務院（即中國的政府行政機構）、法院、檢察院，則受人大監督。（註：中國設立「人大的作用和目的，不是為了惡性地去反對和批評政府，而是要監督政府在憲法和法律的框架內施政，確保法律得到嚴格的執行」⁽⁴⁾）。中國人民政治協商會議，則主要負責向政府、執政黨提意見、建議，發揮各政黨的政治協商、民主監督、參政議政、凝聚共識的功能和作用。中國利用「堅持社會主義協商民主的獨特優勢，統籌推進政黨協商、人大協商、政府協商、政協協商、人民團體協商，構建程序合理、環節完整的協商民主體系，完善協商於決策之前和決策實施之中的落實機制，豐富有事好商量、眾人的事情由眾人商量的制度化實踐」⁽³⁾ 形成了一套新的民主政治組織、制度、形式、體系；這比西方的民主體系，更能反映全民的意見；比西方民主的所謂政黨，需不擇手段和用各種流氓手段及下三濫的方法來操控頻繁的選舉活動要強得多（註：這些西方式的選舉，一般來說，只能反映部分人的意見；就算得到多數票的支持的政黨，事實上也只能代表部分人的意見；所以張維為稱西方的政黨為「部分利益黨」，因為它們只能代表部分人的利益，或只為部分人的利益服務；而現今中國政黨的初心和使命，則與西方的政黨不一樣，是要為中國全體人民服務的；因此，張維為稱它為「整體利益黨」以示區別。我同意張維為所作的這一區分，並且覺得這一區分很重要。西方的政論家，把這兩種不同的政黨概念混為一談，是錯誤的）。

　　不過，可能有人會問，西方的民主也不是只靠多個政黨操控的選舉來

決定國家大事的啊！他們可以採用公投（referendum）的方式來收集整體的民意和作出決策。但這種方式在小的國家可以有效（譬如：瑞士），但在較大一點的國家，就會出現亂象（譬如：英國對脫歐問題上所做的公投）。而要讓中國幾億人去公投來解決國家大事，肯定不行。當然也有人會說，西方的民主實行的是代議政治制度，是不需要經常搞公投來解決國家大事的，因為西方的民主是由代議政客來解決國家大事的。但請看一下代議政制和它們的代議士，在英國脫歐的問題上，又搞成怎樣了？完全是一場鬧劇！不是嗎？再舉個例子：美國民主黨及共和黨之間，在「通俄門」事件上的不斷明爭暗鬥，不也都成了給那些代議政客們，把民主當作為遊戲來搞政黨鬥爭和政治惡鬥，做着各種人格淪喪、斯文掃地、理性盡失的齷齪勾當。其他還有很多代議政制的胡鬧劇例子，這裏就不浪費篇幅一一展開討論了。

故此，中國所採用的民主協商制度是最適合中國這樣一個擁有56個民族，十幾億人口的大國的最好選擇。即是說，中國走政治本土化、中國化、創新的道路，實行一個大黨來執政、多黨合作的協商民主制，是非常適合中國的實際發展和快速發展所需，是中國模式的一個重要組成部分和成功要素。這一模式對維護世界和平，推進人類政治文明的發展，對促進人類命運的進化，我相信，都會起到很積極的正面作用。

三.中國的大統一具有優勢去大規模建設國家和影響全球的發展，西方民主國家就難做到

中國是一個具有優勢去搞大型基礎建設和設施的國家，因為中國是一個地大、人多的統一國家。假如中國不是一個統一國家（例如像歐洲、中亞那

樣四分五裂），那麼要搞成，譬如像現在那樣大規模能四通八達的高速鐵路系統，就會非常非常之困難。又譬如，中國正在構建的「長三角一體化與一帶一路建設、京津冀協同發展、長江經濟帶發展、粵港澳大灣區建設」[5]這樣跨區跨省的大型基建項目，都需要中國的各地區、各省市通力的合作才能成事。而期間肯定會涉及到許多地區之間、省與省之間，在利益方面的摩擦和衝突。但由於中國是一個統一的國家，因此，各種矛盾是都可以通過協商、讓利、作出犧牲、顧大局來予以解決的。

相反，假如中國是一個實行西方式民主的國家，那麼搞任何大型基礎建設，都會被自私自利的族群、利益集團、政黨搞得非常的政治化、矛盾叢生，而無法解決和實行。舉個例來說明一下：例如在美國，當奧巴馬任美國總統時，他的許多改革方案，都遭到共和黨的反對和頑強抵制。他的健保方案要在千辛萬苦的情況下，才最後能夠得到通過。但特朗普一上台，就把它推翻，而且還毫無原則地，把奧巴馬差不多所有的施政計劃都砍得體無完膚，使美國失去了應有的領導能力和方向，令到全球所有的國家都難以適從。

西方的民主國家經常出現的黨爭，領導方面的折騰，政治鬥爭陷入僵局，都成了常態。試想一下，像中國這樣的國家能承受得起這種美式民主政治經常出現的亂局嗎？能讓中國復興得起來嗎？能讓中國可以強大起來嗎？

有關美式民主政治經常出現的僵局、亂局，台灣學者朱雲漢有這樣的分析，他說「美國憲政的設計原理，是刻意讓由多數民意產生的政府受到多重的權力制衡，讓代表少數民意的政治力量有多重機會行使否決權。（註：美國很有名的政論家福山（Francis Fukuyama），稱這為 vetocracy，即國家政策，經常被利益團

體否決；或「為反對而反對」。）這樣一種制度設計，講求的是協商手腕與妥協精神。如果社會的主流價值十分趨同，主要政黨之間的意識形態差距很小，還可以維持平順運作；如果社會內部出現嚴重的價值分歧，主要政黨的基本立場南轅北轍，這個體制很容易陷入僵局。」[6] 而遺憾的是，社會內部出現嚴重的價值分歧，主要政黨的基本立場南轅北轍，在許多的西方民主國家已是一種無藥可救的常態。其所引發的人民的精神上的內耗、財政上的浪費、政治上的亂局的嚴重程度，我們從英國脫歐（Brexit）這場大風暴，難道還能說看不清楚嗎？所以，像英、美這種民主政治生態、政壇意識形態的不斷劇烈變化，我認為完全不適合中國的政治文化生態和中國的國情。如要中國實行英、美式的民主政治，事實上是要中國滅亡！

四. 中國的巨大科技創新能力，需要一個穩定的政治體制的支撐

台灣學者朱雲漢在他著的《高思在雲》一書中，強調指出：「理解中國時，有三件事情要記得：第一是中國非常大，第二是中國非常非常大，第三是中國非常非常非常大。大可能是負擔、是巨大的包袱，但也可以變成巨大的優勢。中國可以充分發揮『規模經濟』，發揮它的磁吸效應，很多關鍵性核心產業，沒有規模是沒辦法發展的，根本不可能建立。南韓不可能建立一個航太工業，台灣也不可能建構一個高鐵產業體系，因為沒有市場和規模。全世界航空集團嚴格說起來，到今天為止只有兩個，一個是波音公司，一個是空中巴士公司：空中巴士把歐洲所有國家的資源、人才、市場整合在一起，才有可能跟波音抗衡，第三個最有可能出現航空集團的國家就是中國。如果把這個巨大規模的潛力展現出來，那它就會產生巨大的磁吸效應」[6]。

朱雲漢的這一觀察很到位，但我想指出的是，這不但是由於「中國可以充分發揮『規模經濟』，發揮它的磁吸效應」，而更重要的是，中國的政治制度基本能保證長期的穩定，無須面對像西方民主國家那樣的經常性的政黨之間的對抗、拉扯、爭執和折騰，而可以有效地整合全國的力量做巨大的工程和發展關鍵性的核心產業（如：北斗衛星導航系統）。特別在這競爭非常激烈的高科技時代，中國必須集中全國力量、統一意志才能勝出。假如中國的政治體制不能做到保證中國的和平和穩定，那麼與像美國這樣的強國是無法競爭的。而更幸運的是，由於中國的政治體制的穩定性高，中國在未來科技創新方面的發展，肯定會更具優勢（註：中國在5G的發展，已是一個很好的例子），前途可以說是無可限量的。假如中國的政治體制，不能做到保證中國的和平和穩定，那麼中國很容易便會四分五裂，或成為一個美國的附庸國 —— 還是三流的那一種！

我還可以多舉一些例子來說明為什麼中國不適合採用西方的民主體制。不過從以上，我們應可以清楚理解，為什麼中國只能根據中國自己的國情，地理環境，歷史、文化背景，創建一套適合自己國家發展所需的民主政治制度。而這一制度就是「民主協商政治制度」。對中國來說，這是最實事求是的做法和最聰明的選擇。這也應可以被看作為中國模式的一大特色。

五. 中國需要一個現代化的民主，而不是一人一票的「民主」遊戲

王紹光在他所著的《抽籤與民主、共和》[7]一書中指出：「『民主』理念的實現方式，人們首先聯想到的恐怕是一人一票的選舉，是自由的、不受約束的、競爭性的、多黨之間的選舉。在很多人的理解中，民主與選舉幾乎

是同義詞：民主就意味着選舉，選舉就表明有民主。不僅普通人這麼看，學者也不例外。實際上，普通人對民主的理解就來自學者們日復一日、年復一年的灌輸。不僅中國人這麼看，西方人更這麼看。中國人對民主的理解其實來自西方不厭其煩的説教。」或如哈拉瑞在《人類大歷史 ── 從野獸到扮演上帝》一書中所説的，「來自人類自己所編的故事」[8]；講多了，就會不作思索地信了。哀哉！

王紹光在《抽簽與民主、共和》一書中進一步指出：「民主、共和原本與抽簽（而不是選舉）有着極大的關係。這種説法恐怕會顛覆很多人對民主、共和的理解與想像。這本書想告訴人們，實現民主、共和理念的方式很多，並不限於當今流行的票選方式：人們有必要拓展自己對民主、共和理念實現方式的想像力。可以毫不誇張地説，相當多的學者根本無法想像，不談選舉，民主還剩下什麼？由於確信選舉是實現民主的不二之途，西方學界衡量世界各國民主程度的第一個標準往往就是選舉。」[7] 「民主=選舉」這樣的錯誤和偏見，便被放進入教課書、滲入了人的腦海裏；並且還通過媒體，以訛傳訛的方式，不停地宣傳和散播開去。其結果是，局限和禁錮了人們的思維方式和理性的判斷能力，使「民主=選舉」變成了一種神聖不可侵犯和不可挑戰的「信仰」；而事實上是，變成了一種「迷信」！而更可悲的是，「民主=選舉」在西方傳媒的手中，又將它變成了一種極佳的可以用來操控新聞、製造假新聞、「攪炒」、獲取利益，為具有特定政治立場的媒體老闆、政黨、外國勢力服務的手段、工具和「自由」。

讓我們回看一下歷史，就會更清楚一些。「從19世紀開始，民主的含

義慢慢地發生了十分深刻的變化。原本具有明確含義的『民主』慢慢變為一個歧義很多的詞，不少人有意無意地把它與共和、代議、人民主權、自由、憲政、多元、平等、獨立、少數服從多數、尊重少數、有限政府、資本主義混為一談。最重要的是，民主與抽選綿延兩千多年的內在關係被剝離、割斷了。抽選逐漸淡出了人們的視綫；取而代之的是，曾被歷代思想家看作寡頭政治標誌的選舉變成了『民主』的標誌：爭取『民主』就是爭取選舉權、爭取擴大選舉權、爭取普選權。而選舉說到底就是挑出一批精英治國。『民主』不再意味着由佔人口絕大多數的平民自己直接當家做主，而意味着人民拱手將治國理政的權力交由一小撮獲得較多選票的精英打理。民主的實質被抽空了，換上華麗的外套；偷樑換柱之後，民主已變為選主。」[7]

王紹光在他主編的《選主批判》一書的前言中，開宗明義地說：「民主的原意當然是指人民當家作主。但說起民主的實現形式，現在人們首先想到的是在多黨之間進行的自由的競爭性選舉。」[9] 當西方許多國家，把「民主政治」轉變為「多黨之間進行的自由的競爭性選舉」，那麼「選舉政治」或「選舉工程政治」便在許多西方國家變成為一種常態，一種弄權、奪權的手段，一種政治鬥爭的工具，以及商業性的活動。其結果是，西方許多國家的民眾的選舉意欲、傾向、選擇，便被「選舉工程」間接或直接操控。而選出來的總統或政黨或代議政客，對不起，也就難滿足人民要幸福地生活；也就難滿足現代社會發展所需；難滿足人類文明和人類命運的演進，必須提供的條件和環境。因為，這些被選出來的所謂總統或政黨或代議政客，他們所關心的只是自己的私利和少數選民的利益。而中國的體制則相反，可以做

到讓「人民當家作主」；因為中國的政治體制的設計和政黨的運作及目的，是可以做到「維護整體中國人民的利益」的，而中國現今的執政黨，也正朝這一方向在努力着（註：有政治評論家分析說：中國的執政黨，共產黨，因為是一個希望「能維護人民整體利益」的政黨；故此，它的權力來源、組織形式、政治綱領，與西方的以選舉為導向和目的的政黨是有着原則性的區別的。）因此，大家應可以理解，為什麼中國是不能，也完全沒有必要去仿照或引入西方那種，以「選舉工程」為導向的，一人一票為形式的「民主」或「選舉」的政治遊戲的（political or election game）。因為，一人一票形式的「民主」，是無法有效解決中國復興所需要面對的為「整體中國人民的利益服務」的眾多複雜問題和巨大挑戰的！上面講過，民主的原意或真諦，是指能讓「人民當家作主」，但西方模式所推崇的，由一人一票形式選出來的所謂代議政治政客，事實上就根本無法做到能讓「人民當家作主」。因為，那些代議政客所做的，大多是一些偽善的政治表演；借人民之名，玩弄政治及操控選民，其目的就是把政治變為爭權、斂財、圖私利的工具。

遺憾的是，像福山這種西方有名的政治學者，直至現今，還是一口咬定，由於中國沒有搞一人一票的選舉，因此它是一個沒有通過「基層草根運動」[10]產生的政府，因此，只能是一個「威權政體」或一個「專制主義」的國家。王紹光在香港的一個論壇上指出：「孟德斯鳩名著《論法的精神》發明了『專制主義』這個詞彙，使其首次帶進西方的政體分類。」[11]而「在中國最早用『專制主義』這個詞的包括梁啟超。」但把「威權政體」、「專制主義」套用在描述現今中國的制度及國家治理體系，則不但

不恰當，而且完全是錯誤的。正如王紹光所說：「很多西方國家看待中國體制時猶如盲人摸象，大多用『威權政體』概括。我建議西方應睜開眼睛，用開放思維重新思考中國。」[11] 把中國的政治體制，過度簡單化地去看待（oversimplified）是錯誤的。

2019年10月31日，中國共產黨第十九屆中央委員會第四次全體會議通過了《中共中央關於堅持和完善中國特色社會主義制度推進國家治理體系和治理能力現代化若干重大問題的決定》，在《決定》中對怎樣完善中國的政治體制，怎樣推進中國國家的治理體系，都有詳盡的闡述。中國的政治體制和治理國家的體系是「在長期實踐探索中形成的科學制度體系」。[3] 因此，中國的這種體系，是一種全新的政治體系，用「威權政體」或「專制主義」來形容它，是西方國家別有用心的做法，目的是要抹黑中國的制度、打垮中國，不讓中國崛起和強大！但事實證明，中國這一科學制度體系非常成功，這是大家有目共睹的。此外，更不得不指出，中國之所以能夠這樣成功，關鍵是擁有一個強而有力的執政黨來治理國家，使中國人民從一盤散沙可以團結起來，共同奮鬥。而更重要的是，這一執政黨是一個全心全意為人民服務的執政黨（註：不像西方的政黨，只為私利和選舉能贏在那裏打拼），因為「它是誕生於國家內憂外患、民族危難之時」，「是在鬥爭中求得生存、獲得發展、贏得勝利」[12] 的這樣一個政黨 。我認為，也只有這樣的一個政黨，能做到為中國的「經濟發展、政治穩定、文化繁榮、民族團結、人民幸福、社會安寧、國家統一提供了有力保障。」[3] 試想一下，像中國這樣一個地理環境非常複雜、難於治理和人口眾多的大國，用西方的一人一票的方式，能產生出

一個強而有力的和全心全意為人民服務的執政黨嗎？（註：鄰國印度所搞的一人一票選舉，做到了嗎？沒有！現今印度的國力，還是遠遠落後於中國！）中國產生了一個能夠代表中國人民整體利益的政治力量，建立了一個嶄新的發展型的中國模式。中國走自己的路，不仿照西方模式，我認為不但正確，而且是中國之幸，中華所有民族之福！

六.中國政府的組成形式與民主的關係

講到民主還必須先得弄清楚民主與政府的組成形式的關係。而有關政府的組成形式，可以說形式繁多，並可用不同的方法和原則作出不同的分類。但由於分類非常複雜及過於學術化，這裏就不作詳細討論了。而只是想從政府的組成形式的基本概念出發指出，政府的基本形式是由兩個概念組合而成的：一.「政道」二.「政體」。兩者之間的關係是：「政道」指的是治國理念、方法和執政所要達到的目的；而圍繞這個目的來形成「政體」及各種有關安排。

下面我先扼要地分析和解釋一下中國模式的政道是怎樣的？然後，再分析一下西方模式的「政道」及「政體」。

中國模式的「政道」是要達到實質民主，而不像西方民主那樣，只看重「程序民主」（註：例如，三權分立制衡的機制、議會的議事規則等的實行，往往被西方政客亂搞，成為互相扯皮、製造拉布、勾心鬥角的遊戲）。而「程序民主」一般來說是很難滿足「政道」的實施所要達到的實質民主的要求的。因為實質民主指的是：首先要關注如何最大限度地反映絕大多數人民的意志。而要達到這一

目標，有關「政體」除了要能滿足實質民主要求之外，還要能為大多數人民帶來實實在在的福祉；能使國家的政局基本穩定和長期和平；能增進人民的團結和防止社會出現撕裂；能改進人民的生活；能促進生產力的提高和持續發展；能更好地反映和滿足人民的要求和願望；能更好地為全體人民服務（而不只是為少數人所控制的資本力量或所謂「選民」服務），能否體現「良政善治」（註：「良政善治」的理念，等同張維為在《文明型國家》[13]一書中所用的概念）的目的和效果。

那麼中國的「政體」又是怎樣的呢？中國所採用的是一種特色社會主義政體，內容大致包括：一個具有最高權力的人民代表大會組織機構；一個能全心全意為人民服務的執政黨；一個有效的政治協商民主制度；一個強而有力的監督監察執政黨和政府官員的制度；一個能長期堅持開放、創新、改革、文化融合、世界多元的政治信念。

張維為認為：「以一個文明型國家的眼光看世界，確立什麼政體，一黨制、多黨制、還是無黨制，這相比於『政道』確實屬於次要的問題。中國人的基本邏輯是先要把『政道』搞清楚，然後從『政道』出發來探索『政體』而不是相反，更不能像西方那樣只關心『政體』，不關心『政道』」[13]。

而西方政治理論中的「政體」的組成的最重要部分，就是選擇領導人的方法，即：用一人一票選擇領導人的方法。而用一人一票選擇領導人的方法，可以說，成了西方式民主的唯一目的和標準。也就是說，西方民主只要採用了一人一票選舉領導人的形式，這些領導人就算無法有效實現「良政善治」都不是問題，只要能體現政體的「程序民主」或「形式民主」就夠了。

83

用較為簡單的語言來形容，即是説：選舉可以採用各種不擇手段的方法，不管所用的選舉手段是多麼的浪費人力物力，是多麼的自私自利或損人利己，是多麼的短視，是多麼的齷齪，是多麼殘酷、暴戾，是多麼的不道德、不人道，用了多少欺詐手段、不實之言、陰謀和騙術，都可以接受或者説無所謂，只要能滿足選舉形式或程序，就是實現了民主。其次，西方的「程序民主」制度，更無需顧及所選出來的人或政黨能否可以為國家帶來「良政善治」，能否為人民帶來真正的福祉！換言之，西方的選舉制度或「程序民主」制度強調的，並不一定是要達致一個國家高質量的實質民主，而是只要有一套合符程序和形式的選舉制度便可以了。其結果是，西方的「程序民主」制度，逐漸就變質，成了一種「形式主義」。其結果是，要真正選一個高質量的人來治理國家，以美國為例，就變得愈來愈困難；往往是要在兩個都很差的候選人之中，選一個不是太差的人。這次，美國2020年的總統選舉，就出現這種不理想的情況，因為，民主黨的拜登和共和黨的特朗普，都是素質很差的人選。

鄧小平在評價一個國家質量時指出，「**關鍵看三條：第一條是看國家的政局是否穩定；第二是看能否增進人民的團結，改善人民的生活；第三條是看生產力能否持續發展**」。[13] 大家都清楚知道這三條，對中國的復興、崛起和持續發展實在是太重要了。因此，客觀地來説，中國的「政體」設計，一定得滿足這些要求不可。而現行的中國模式我認為是最能滿足這些要求的模式。可以説，別無他選（no other choice）！

當然，世上並無十全十美的模式，中國模式肯定也不例外。所有模式，

都需要與時俱進地不斷完善，有空間可以作出優化的。只不過中國模式是迄今為止，最能做到可以不斷自我完善、不斷優化的，這樣一個模式。而西方模式，雖然在實際的運作過程中，已被證明是一個千瘡百孔和極其僵化、衰弱、低效率、殘酷的模式，但它仍然被美國，以及一些西方國家，説成為「最完美」的模式。為什麼會這樣呢？因為，有關這方面的話語權，都仍然掌控在西方模式國家的利益團體，以及代表這些利益團體的政客的手中。

其次，我認為假如中國實行西方式的「程序民主」，那麼中國是無法達到建立高質量國家的目的。因為中國模式要實現和能實現的是一個高質量的「和諧型國家」（a high quality harmonious state）（註：與張維為所指的「文明型國家」（civilizational state）的概念很相似）[13] 我為什麼這樣説呢？因為，中國模式的「政道」所要達致的，是政治上的包容，以及國家的長期穩定和諧及和平（political inclusiveness and peace）；而相對來説，西方模式所遵循的「政道」和「政體」能實現的則只是一個較為低質量的，非和諧型的國家（a low quality disharmonious state）。因為西方模式必須得經常要看到，反對黨與執政黨之間不斷產生競爭性的矛盾和敵對；反對黨與執政黨之間不斷引發的抗爭性（confrontational）及你死我活（killing mentality）的爭鬥。由於這一個原因，所以西方模式就非常難以在內部以及外部（譬如與其他國家），達致政治上的和諧；意識形態方面的包容；國家層面上的穩定與和平；民族之間的大融合、大統一；人類命運共同體的有效遵守及維護。

參考資料

（1） 張維為著，《這就是中國》，2019年，上海人民出版社，第133頁。

（2） 馮友蘭著，趙復三譯，《中國哲學簡史》，2005年，三聯書店香港，第184頁。

（3） 《中共中央關於堅持和完善中國特色社會主義制度推進國家治理體系和治理能力現代化若干重大問題的決定》，2019年10月31日，中國共產黨第十九屆中央委員會第四次全體會議通過，2019年11月6日，《人民日報》海外版。

（4） 傅瑩著，《我的對面是你》，2018年，中信出版集團，第109-110頁。

（5） 〈長三角打頭陣 推內地更開放〉，2019年12月2日，《文匯報》，A14 中國新聞。

（6） 朱雲漢著，《高思在雲》，2015年，天下文化，第124，172頁。

（7） 王紹光著，《抽籤與民主、共和》，2018年，中信出版集團，第IX，X，XIII頁。

（8） 哈拉瑞著，《人類大歷史 —— 從野獸到扮演上帝》（林俊宏譯），2017年，天下文化書坊。

（9） 王紹光主編，《選主批判 —— 對當代西方民主的反思》，2014年，北京大學出版社，前言。

（10） 法蘭西斯•福山講座，《從歷史的終結到民主的崩壞》，2019年，長風文教基金會編，第83頁。

（11） 2019年12月16日，〈政治體制與治理〉研討會，香港發展論壇舉辦，2020年1月6日，《灼見名家》網頁。

（12） 習近平，2020年1月8日，〈不忘初心、牢記使命〉主題教育總結大會；2020年1月9日，《文匯報》，A5，文匯要聞。

（13） 張維為著，《文明型國家》，2018年，開明書店。

第6章
中國模式的自由觀

李建中在他主編的《人文社科經典導引》中指出:「人人都愛『自由』,但何謂『自由』,『自由』的限度何在,人要如何才可以說是處於『自由』的狀態中,思想家們的看法却大相逕庭。與『理性』、『正義』觀念一樣,我們可以把『自由』的源頭追溯到古希臘,不過在西方文化傳統中『自由』與『自由主義』聯繫密切,而自由主義的真正起源是在近代啟蒙運動時期。」[1]

法國啟蒙時期思想家孟德斯鳩(Baron de Montesqieu,1689年 — 1755年)在他很出名的《論法精神》一書中指出:「沒有什麼詞像自由這樣有更多的含義,並且在如此多的方面給人留下印象的了。」[1]

在本書中,我不預備就「自由」的源頭追溯到古希臘至近代啟蒙運動時期;我也不預備就「自由」的含義,在哲理方面作深入的討論。我只是想在這裏,將現今一般西方模式對自由的涵蓋面,以及中國模式對自由的涵蓋面,作扼要的比較和說明。

西方模式對自由的看法有問題

著名的法國思想家盧梭說:「人生來自由,但處處都在枷鎖中。」[2]這一句盧梭的名言,對西方以後,姑勿論在哲學、思想、政治、社會等各方面的影響,不但巨大,而且深遠,直至現今。盧梭的這一句話,是來自他在1762年出版的《社會契約論》。但我認為這一句話的說法是錯的,因為它不

科學，不符合人及人類社會的發展和進化的規律。這一句話應改為：人生來就不自由，因為人是處處都受着自己的能力（能力是受基因和腦力所影響或控制的）（即：內因），以及需要受到各種外在因素和環境（即：外因）的制約的。人類要得到自由，就必須得靠自己去不斷努力，面對各種外在的惡劣環境、風險，以及對這些惡劣的環境，作出有利於自己以及人類生存、幸福、和平、發展的適應和改造（註：改造包括改造自己和改造環境），不斷學習怎樣避開風險。

大家試想一想，當人一出世（對多數正常人來說），就立刻需要父母的照顧和養育才能生存下去；跟着就要接受教育；之後，進入社會工作。所有這些都需要社會（國家）創造和提供條件，機會，滿足人在衣、食、住、行、醫、工作等方面所需的服務。換言之，每一個人，在人生的整個過程中：從被照顧、養育；接受教育；進入社會工作的每一個階段（誇張一點來說，是每一秒）都需要受到被約束和被限制的待遇，即是說：我們的行為的自由（包括思想、行動等的自由），時時刻刻都會受到各種的限制。這是無法否認的事實（fact），大家都應清楚。這就是為什麼我說：「人生來就不自由，也不可能自由」。其次，當人一出世，人的基因已基本上決定了人的性格、能力等（註：但基因所決定的人的性格和能力等，是可塑的，並在受到外部環境的影響下，是可以改變的）。即是說，人的自由或自由度，在一定程度，在出世時，已被決定。譬如：假如我在出世時，沒有藝術天份，那麼我在藝術方面發展的自由度就會很有限度了；又假如我在出世時，沒有數學天分，那麼我在數學方面的發展自由度也就會很有限制了。再又當人一出世，由於基因所

主導而組成或形成的人的大腦的兩個控制人的行為部分，即：（i）邊緣系統
（limbic system）；和（ii）大腦皮質層（cerebral cortex），的基本功能已成
形，其中包括：能相互之間以及兩者與外界之間的互動，以及逐步建立起來
的，各種「控制」機制（control mechanism）。而這種「控制」機制，是可
以有效地限制我們許多或全部的在思想或行為上的自由的（見下面的進一步
有關討論）。所以我說：**人生來就不自由，而是要通過後天的努力（譬如去
適應環境、改變自己、改變環境、創造環境等），才能爭取到自由；但這些
自由，也不可能是任何自由，而必須是有利於自己及社會（或國家）可以共
同受益、共同發展的自由。**

　　為什麼長久以來，西方都不去糾正盧梭這一句話的錯誤呢？這主要
是因為，用盧梭這一句話來反對和反抗「神權政治」和「封建皇權統治」
非常有效。其次，對以後西方國家建立民主政體，也非常有用。「神權政
治」和「皇權統治」現今都基本上不存在了，但遺憾的是西方仍然把「人是生
而自由的」，這一句話當為真理來看待或作為政治理想來捍衛或當作普世
價值來崇拜。無可否認，這一句話（不管它是對或錯）似乎對反抗和制止
像希特拉這種獨裁者和政權的出現，還是起過作用，效果也是很好的。不
過，遺憾的是「人是生而自由的」這一句話，對於遏制像美國式的霸權主
義（註：所謂美式的霸權主義是指：只讓美國自己的公民有自由，但却不讓其他國家的
人民有選擇自己的政治體制，走自己的發展道路的自由），似乎起不了作用；因為
美國對自由，有着雙重標準。而美國對自由標準的有、無、高、低，現今
也全由美國說了算，由美國來界定。譬如，就拿美國2019年簽署成法的用

來干涉香港事務的所謂《香港人權與民主法案》，就是在操弄雙重標準的很好的一個例子。其目的是要來破壞香港的自由、安定和繁榮，並進而破壞中國的復興。因此，大家必須看到「自由」（還有「人權」「民主」）在美國政府和政客的手裏，已成了一種指揮、打壓和侵犯其它國家的武器！

其次，讓我們回顧一下西方16世紀的歷史。16世紀德國神學家，馬丁•路德為革新天主教會，所發起的宗教改革運動（reformation），強調信徒只須對自己和神負責，而毋須理會天主教會（當時是非常腐敗）的管束和約束。這一宗教改革運動，對西方人重視和追求所謂「自由」，就已開始萌芽，特別是對一些移民到美國去的基督教徒來說。因為許多移民到美國去的基督教徒，大多是為了逃避宗教壓迫，追求信仰自由而去美國的。所以所謂「自由」（準確地說，應該是宗教信仰自由）對他們來說是非常的重要，並逐漸成了美國文化或西方文化的一個重要內容。故此，我們必須搞清楚，「自由」是從屬西方歷史文化和西方模式的一種特殊產物，是無需中國模式去盲目引入和傳承的。因為中國人從來沒有經歷過什麼宗教壓迫，中國的傳統文化，也無西方式的宗教信仰。硬要讓中國不折不扣的接受西方式的所謂「自由」，是不公平的，是會水土不服的。

進入新時代，是時候我們應該正本清源，把人類需要怎樣的自由，重新梳理、界定和定位一下。不然就會繼續造成是非不分，思想混亂的局面。譬如在香港就有這樣的例子。香港在「修例風波」期間，好些香港青年死纏着「爭取自由」、「不自由毋寧死」的這種空洞，但富煽動性的口號來示威和搞什麼「和理非」；可是，事實上卻被別有用心的人利用來搞暴力活動

和做他們的炮灰。假如這些青年真的這樣被煽動起來，而走上「不自由毋寧死」的絕路的話，那豈不就造成許多人會死得不明不白，毫無價值的悲劇嗎？

下面讓我扼要地把一些經常與自由拉上關係，但又混淆不清，的幾個重要的問題說明一下，讓大家可以對什麼叫自由？應怎樣來看待自由？有更為清晰的認知和理解。

1. 自由與國家的關係

斯賓諾莎在《神學政治論》中指出：「國家的目的絕對不是把人從理性的存在者變成野獸或傀儡，而是反過來他們能夠安全地發展他們的心靈和身體能力，不受制約地運用他們的理性，並且擺脫由仇恨憤怒或欺詐所導致的衝突和惡意相互辱罵。所以真正說來，國家的目的就是自由。」[3]

他又說：「國家的根本目的不是通過恐懼來施行統治，也不是通過恐懼來約束人們並且剝奪他們的獨立，而是反過來使每個人擺脫恐懼，這樣他才盡可能地生活在安全之中，也就是說，他就可以最好地保存自己生存和行動的自然權利，既不損害自己，也不損害別人。」[3]

斯賓諾莎在《神學政治論》中還提出「人的自然狀態」這樣一個概念。所謂「人的自然狀態」是指，還沒有出現宗教及國家對人的影響和約束之前的狀態。斯賓諾莎認為：「人在自然狀態中的自由意味着：他在自己的『力量和智慧』範圍內想怎麼做就怎麼做，這種自然的自由看起來似乎沒有任何界限和制約，但實際上它不僅是很不穩定的脆弱的，而且在根本上是虛幻的。因為自然狀態缺乏一種『共同權力』，所以雖然每個人表面上都擁有無

限的自由，但他的自由隨時都有可能遭到他人的阻礙和侵害，並且得不到任何有效的保護。而在國家之中，人的自由雖然受到了一定的約束，也就是説受到法律的約束，但是這種受約束的自由才是真正的自由。霍布斯把這種受到法律約束的自由稱為『臣民的自由』（liberty of subjects）換言之『臣民的自由』意味着在法律未加規定的一切行為中，人們有自由去做自己的理性認為最有利於自己的事情。」(3)

在這裏我想就斯賓諾莎在《神學政治論》中所提出的「人的自然狀態」這一概念，説明一下我的看法。

上面提到，斯賓諾莎認為：「人在自然狀態中的自由意味着：他在自己的『力量和智慧』範圍內想怎麼做就怎麼做，這種自然的自由看起來似乎沒有任何界限和制約，但實際上它不僅是很不穩定的脆弱的，而且在根本上是虛幻的」。

但我要指出的是「人的自然狀態」在根本上是並不虛幻的。從生物學的角度（註：斯賓諾莎當然在他的年代，還沒有現代生物學方面的知識，可以像我那樣來解釋「人的自然狀態」，所以他指的「人的自然狀態」只能是一種形而上學的、空的、虛幻的東西，是無物質基礎的（no substance）。）我們清楚知道，「人的自然狀態」是被人腦控制着的，特別是被人腦的以下兩個主要部分控制着的，即：（i）邊緣系統（limbic system）；和（ii）大腦皮質層（cerebral cortex）。

（i）「邊緣系統與下意識、本能的行為有關，如動物的生存和生殖。在人類，當涉及道德、社會和文化的原則時，腦的高級中樞就會周密地思考，

那些天生原始的行為就會受到矯正。然而，當邊緣系統及其有關結構起作用時，原始的衝動就會佔上風。在表達本能、人的行為並不總是理性的。在壓力和危機面前，有時深藏的本能會暴露出來並壓倒理智。此時由邊緣系統的一些結構組成的『原始的腦』會起作用。」(4)

（ii）大腦皮質層的功能則是「當涉及道德、社會和文化的原則時，腦的高級中樞（註：主要是大腦的皮質層），就會周密地思考，那些天生原始的行為就會受到矯正。」(3) 事實上就是一種約束，即對某些人的思想和行為的自由度的約束。

簡化一點來說，那就是：**大腦皮質層控制人的思想和理智；而邊緣系統則控制着人的下意識、本能等行為。** 人在一般理性的狀況下，邊緣系統所產生的行為，是可以受大腦皮質層有效控制的。因為，大腦皮質層所控制的理性選擇、決定、行為等「才能幫助我們更好地去獲得自己的利益和力量，實現真正的自我保存，也就是自由。」(3) 但當大腦皮質層無法控制邊緣系統所產生的行為時，人的非理性行為，便會佔上風。人與人之間就會「相互不信任」，「相互的戒備和敵對」。(3) 人的自由，也就會非常難可以得到保障和維護了。這在香港2019年「修例風波」期間，出現的許多暴力和非理性行為，證實了這一點。因為在這期間，許多香港人都失去了理智，讓他們的邊緣系統完全控制了他們的行為，抑制了大腦理性部分的發揮。其結果是，他們失去了應有的自主、理性和思考的能力，也不自知。

2. 自由與宗教的關係

斯賓諾莎在《神學政治論》中，對古代希伯來國家神權政治，以及神

學或宗教與政治的關係，有深入的研究和獨到的看法。這些獨到的看法和意見，對西方以後的自由與宗教關係的發展和演進，起着關鍵作用。

根據斯賓諾莎，「宗教就是在進入公民社會或國家之後才出現的，也就是説，人在自然上沒有服從宗教權力的義務。而在進入國家之後，由於人們已經將事關公共安全與福利的一切權利或權力都過渡給了國家，由國家制定法律，並且根據法律去判斷正義和不正義、善與惡，所以宗教本身也必須服從國家及其法律的統治。」斯賓諾莎認為，「任何人都不能以宗教信仰的理由不服從國家。原因在於，『倘若沒有人在那些他認為與宗教相關的事情上受對最高權力的服從這一權利的約束，那麼國家的權利將不可避免的依賴於人人各異的判斷和情感。因為如果他認為服從國家違反了他自己的信仰和迷信的信念，並且以此為藉口每個人都認定自己有隨心所欲的無限自由，那就沒有人會受到服從國家權利的約束』。」[3] 那麼，我們應怎樣去解決類似這樣的問題呢？

「與馬基雅維里、霍布斯和洛克等先驅和同時代的政治哲學家相比，斯賓諾莎對於『神學政治問題』的解決方案並無根本不同。概要地説，他的解決方案可以總結為兩點：首先，宗教本身必須『去政治化』，不能擁有公共政治權力，而應該成為一種私人領域的信仰；其次，在此前提下，國家應尊重並且保護每一種宗教信仰自由和權利，不得干涉個人信仰自由。這兩點就構成了現代自由主義的關於宗教問題的兩個基本原則——『政教分離』和『宗教寬容』。」[3] 因此，從斯賓諾莎的角度來推理，「無論是對宗教還是國家來説，把發布命令的權力授於宗教人員或者讓他們染指國家事務是

多麼大的災難！」⑶ 而「只有一個強大的國家才能夠憑藉其懲罰和排斥的權力保護個人的權利自由，對抗專制的宗教大眾。」⑶

很幸運中國歷來都無須去處理和面對神權政治以及神學或宗教與政治的各種複雜的關係問題，因為這是西方獨有的問題，中國並沒有。現今中國對宗教的看法，在憲法中規定中國人民可以有宗教信仰的自由，並鼓勵各宗教保持一種相互尊重、寬大、包容的態度。中國也如同西方國家一樣，以後也不會讓宗教染指國家事務，干預國家政治，更不會去強迫中國人去傳教、信教。因為，如果這樣做，就會侵犯中國人民的自由！這是中國模式和西方模式一個很大的差別之處。事實上中國模式對宗教是持相當開放和包容的態度的；中國反對的是，西方模式所用的，帶有強制性、脅迫性和侵犯性（coercive）的方式，在中國傳教。西方從前用炮艦把中國的門打開，入侵中國來傳教，現今則用「自由」「民主」「人權」作為幌子，來脅迫中國接受西方的宗教封建思想和宗教迷信。

我認為在中國的西方宗教人士或組織，應多支持和多做「導人向善之事」，以及多搞慈善事業（特別是服務老人的事業）；而少做傳教及強迫人（特別是青少年）去信神之事（同時見第4章的討論），只有這樣做，才能體現和顯示出西方所宣揚的宗教自由的真正價值和意義。我認為，西方的宗教如用脅迫性的任何手段叫人去信神，理論上都是一種反自由、違人權的做法和行為。

3. 自由與法律的關係

根據法國啟蒙時期思想家孟德斯鳩，「法律應適用於特定國家，與已建

95

立或想要建立的政體性質相脗合，應符合一國的物質條件、地理環境、民眾的生活方式等，還應顧及基本政治體制所能承受的自由度，居民的宗教信仰、偏好、財富、人口多寡，以及他們的貿易風俗習慣等，各種法律還應彼此相關。」(1)

但另一方面，我們也須緊記斯賓諾莎的提醒：「每個人都有思想的自由，他的判斷與國家的法律本身不可能一致。在這種情況下，他在保留思想和言論自由的同時，必須放棄行動的自由，否則國家將無法進行有效的統治，最終會使整個社會變得混亂無序。他舉了個例子，假如一個人認為某一條法律是不合理的，應該加以修改，並且把自己的意見和建議提交給主權者，但在行動上卻沒有違反那一條法律，那他就是一個好公民。反之，倘若他以法律本身的不合理性為藉口不服從法律，甚至煽動人民起來反抗主權者，那麼他就是一個暴徒和罪犯，應該受到嚴厲的懲處。」(3) 這一提醒，我認為，特別適合用來警示在「修例風波」期間，大事搞暴力和破壞活動的香港年輕人。

2019年10月30日，香港終審法官馬道立在題為「今日學生，明日領袖」的演講中也清楚指出：「法制不僅要維護個體的權利，也要尊重其他人的權利，倘有人將個人的權利和自由行使到極致，以至於與異見人士的合法權利出現衝突時，法院就需要尋求適當的平衡。除了個人權利需要尊重，也需要尊重社群內其他人的權利。」(5) 可以這樣說，法治是任何「一個社會的基礎，而包容、尊重、妥協的社會意識是法治社會的基石」(5)，而對學生來說，「從人文主義（humanism）的理論出發，為學

生指明正確道路，養成社群意識、激發學生的潛能」就非常重要。「如果學生想證明自己具有成為未來領袖的特質，就必須擁有根植於包容、尊重和妥協中的社區意識。」⁽⁵⁾ 而「法治的關鍵在於有獨立的司法機構，維護在社會中得到廣泛認同的權利和自由，及司法機構秉持操守、正直地處理案件。」⁽⁵⁾

我認為，馬道立所強調的「法制不僅要維護個體的權利，也要尊重其他人的權利，倘有人將個人的權利和自由行使到極致，以至於與異見人士的合法權利出現衝突時，法院就需要尋求適當的平衡。除了個人權利需要尊重，也需要尊重社群內其他人的權利」這一條提示非常重要，特別是在香港「修例風波」不斷引起香港年輕人不尊重別人的風氣之下，無視法治的情況之下，以及到了一個香港政府難以有效控制和收拾的局面之下，這一提示尤其重要。

其次，在言論自由方面，在這次香港的「修例風波」事件中，香港很多人都被一些具有特殊背景（譬如：持有一定的政治立場和目的的個人或團體，大資本家，教會，美國的許多NGO、台獨分子等）的媒體利用「言論自由」、「學術自由」、「新聞自由」作為幌子，大量地製造假新聞、假消息、是非黑白不分地來欺騙港人和攻擊特定的目標；利用各種手段把假的東西嫁禍給警方，從而激發民憤來反警察；並用立場代替真理，用謊言代替事實，用歪理代替直言，用情緒代替理性，用仇恨代替理智，用偏見代替實情，用抹黑代替真相，用語言暴力代替理性對話，用違法達義代替守法尊法，來散播不實的消息，誤導、忽悠和恐嚇無知和善良的香港市民。

4. 中國尊重他人權利自由與法治精神的關係

龔鵬程在《中國傳統文化十五講》的第十三講「畫歪的臉譜：孟德斯鳩的中國觀」，以及第十四講「由法律看西方對中國文化的認知」的文中指出：「我們談起中國之進步發展、現代化、又幾乎眾口一詞地批評中國人缺乏民主法治之素養，認為法治教育、法治精神必須再加以強調。在講這些話時，我們觀念中是以『人治、道德、禮教、傳統的中國』來與『法治、民主、現代西方』相對比的，根本不認為中國古代亦為『法治社會』。討論這些問題的先生，對中國法律體系，大抵均是既不了解又不屑的。」[6]「自18世紀中葉以後，歐洲對中國的理解，即是以孟德斯鳩之說為基本模型的。一直到今天，談起古代中國，大抵仍不脫專制、父權、業農、勤儉、禁閉婦女、家國一體、宗教法律風俗禮儀相混，而法律尚未獨立，貪婪、虛偽、不自由、不民主、長期停滯等幾個基本概念之運用。孟德斯鳩倡之於前，黑格爾等人繼於其後，承流接響者，則廣泛可見諸歐洲美洲之學界乃至一般社會認知中。」[6]「孟德斯鳩之學說第一次被介紹進到中國，是1899年梁啟超《蒙的斯鳩之學說》一文。1901年梁氏又發表《立憲法議》。一方面介紹孟德斯鳩三權分立之觀念，批判專制政治，一方面也藉機提倡君主立憲。在這樣的論述情境中，梁啟超幾乎完全接受了孟德斯鳩對中國專制政治的批評，認為：『泰西政治之優於中國者不一端，而求其本原，則立法部早發達，實為最要著者。』」[6]「其後中國愈來愈衰弱，歐洲愈來愈自負其文明，認為其自由、法治精神均非中國所能及。鴉片戰爭以後，歐美在中國擁有治外法權，對中國法律更不了解也不必了解，所論遂益隔膜。」[6]

　　以上幾段引自龔鵬程在《中國傳統文化十五講》的話，説明西方和我們清末的一些學者對中國法治的看法都是很不全面的。而有關這方面的論證、是非及爭論，龔鵬程在《中國傳統文化十五講》已作了很詳盡的討論，在這裏我就不預備重複了。但從這些討論中，以及充分了解中國現今在這方面的發展後，我總結出了三個模式，這三個模式我認為可以説明許多有關的問題。

（i）中國傳統的模式：［人治］+［法治］，（但［人治］>［法治］）

（ii）西方的模式：初期：［神治］+［人治］+［法治］，（但［神治］的分量>［人治］>［法治］）；之後：［神治］+［人治］+［法治］，（但［神治］的分量，逐漸小過 <［人治］+［法治］的分量）；後期：［法治］+［人治］（但［法治］的分量，重過［人治］；即：［法治］>［人治］）

（iii）新中國的模式：［人治］+［法治］（但［法治］的分量與［人治］的分量，兩者的重要性趨相同、有機地結合和互相支持）。

　　下面讓我詳細的解釋一下。

（i）中國傳統的模式：

　　中國傳統的模式基本上是一種［人治］+［法治］的模式。但［人治］的分量，重過［法治］。而所謂［人治］，指的是：帝皇+穩定的官僚制度架構（即：［選賢任能］的政治傳承+儒家的治國理念）。

儒家的治國理念尤其突出，以仁愛治世；用仁政安定社會秩序；
尊行王道；提倡孝悌觀念，忠恕之道，誠信精神，倫理準則，道
德價值觀（如：修己以安人、推己及人、己欲立而立人、己欲達而
達人、己所不欲勿施於人、反對暴君污吏、反對鬼神天命說）；也
強調動用政法制度的懲罰作用，但不推崇和認為有需要採納法家
思想來治國理政；因此，純［法治］觀念較為淡薄和沒有那麼重
視。

(ii) 西方的模式：

初期是一種：［神治］+［人治］+［法治］的模式。西方由於
長期受宗教的影響，因此，在歷史發展的初期，［神治］的力量
很大，即什麼都要聽從神的意志來治國理政。而神的意志的代言
人，要麼就是皇帝，要麼就是教宗。換言之，是一種需通過神
來開展［人治］的制度。當皇帝和教宗有不同的看法時，就會
出現鬥爭。長期鬥爭的結果，是教宗敗了下來，再也不被允許干
預國家的治理工作。代之，［法治］的傳統，慢慢的滋長和被
建立起來。因此，［神治］+［人治］+［法治］的制度，便
變成為［人治］+［法治］的制度。之後，由於民主政治的逐步
的建立，皇權政治便被迫退出了西方國家的政治舞台，［人治］
便被一些所謂代議政治 （representative government）的代議士
（politician）操控。而又為了要遏制政治代議士等人物，利用手
中的權力來濫權或走上獨裁之路，［法治］便變得愈來愈重要，

因為只有［法治］才能壓得住代議制的［人治］；防止引發權力的被濫用；以及防範權力過多的被集中在一個人的手裏。因此，現今在西方國家的治理體制中，［法治］的重要性，是大於［人治］（即：［法治］＞［人治］）。

（iii）新中國的模式：

新中國成立後，經過長期的探索，認為［人治］＋［法治］的治國理政方法，是最符合中國的國情和社會的發展。但中國的模式，［法治］與［人治］的分量的重要性，兩者有逐漸趨向相同和朝着有機結合、互相支持、相得益彰的方向發展。很難説［法治］與［人治］，哪個比較重要，因為［人治］與［法治］都具有各自獨立的功能和特定的運作程序，可以互不干預。但由於兩者在許多方面，又需要有一定的互補性、支撐作用、以及互為因果的聯繫和關係；因此，把兩者全面割裂開來是不可能的。這一種制度，我稱其為一種新型的中國「［人治］＋［法治］協作制」（complementary structure），或「中國特色社會主義國家治理共同體」。這一模式中的［人治］與［法治］各自的獨立性，顯示在各自都有自己的一套完善和監督自身權力運作的機制和範圍。譬如，掌握［人治的執政黨，自己必須設計一套完善的治理體系和制度（如：［黨要管黨］的制度；並還要建立有效的制度和機制，使黨員、官員等不敢腐、不能腐、不想腐；同時由中共中央紀委國家監委嚴格執行查處官員的形式主義、官僚主義、享樂主義、奢靡

之風等問題）；同時需要有一套能夠「實現自我淨化、自我完善、自我革新、自我提高的黨和國家的監督體系」⁽⁷⁾，以及防止官僚主義、脫離群眾的情況的形成和出現的辦法等。而在選拔和任用官員方面，要建立好的和有效的考核評價機制，要尊重行政管理人員的經驗和知識，要尊重人才，要讓百花齊放，要防止官員思想僵化；但同時也要保證各種制度的運作的順暢和高效，不要讓它們受到太多繁文縟節的干擾，不要受到過多的監督方面的操控和壓制，不要管得太緊，可放手處就放手，不要搞「文山會海」的行政管理方式，多做實質性的調查研究；對一些無能、不作為、亂作為的官員要及時驅走。

而［法治］方面，則要強調依法治國。堅持和完善中國特色社會主義制度，推進國家治理體系和治理能力現代化，與時俱進地不斷發展中國的國家制度和治理體系。

孟德斯鳩在論法的精神一書中指出，「一條亙古不變的規律是：一切有權者都容易濫權」⁽⁸⁾。所以他提出了「權立分立與制約」⁽⁸⁾的思想。這一思想形成了，現今西方民主國家的「三權分立制衡」（check and balance）的憲政基礎。但遺憾的是，「三權分立制衡」的運作，在許多西方的所謂民主國家，愈來愈糟糕。譬如：［立法］與［行政］之間的不停扯皮，搞黨爭，互不信任。［司法］方面又被律師所控制（註：有人說，西方所謂的依法治國，事實上是律師治國）。而整個［人治］+［法治］的治國理政制度，則被各種財團、利益團體所控制。因此，所謂「制衡」也者，就是經常會出現政府被迫

停擺,施政寸步難行,政策混亂,國家信譽損失的現象成了常態。這樣一種制度,很明顯的如要在中國實行,是絕對行不通的,因為它只會帶來治理混亂、管理崩塌和內戰。

這就是為什麼中國需要選擇另一種制度。而「制度的生命力在於執行」[7]。2019年10月1日,中國共產黨第十九屆中央委員會第四次全體會議通過的《決定》因此強調指出:「各級黨委和政府以及各級領導幹部要切實強化制度意識,帶頭維護制度權威,做制度執行的表率,帶動全黨全社會自覺尊崇制度、嚴格執行制度、堅持維護制度。健全權威高效的制度執行機制,加強對制度執行的監督,堅決杜絕做選擇、搞變通、打折扣的現象。」[7]《決定》同時還指出,治國理政必須:「堅持從國情出發、從實際出發,既把握長期形成的歷史傳承,又把握黨和人民在我國國家制度建設和國家治理方面走過的道路、積累的經驗、形成的原則,不能照抄照搬他國制度模式,既不走封閉僵化的老路,也不走改旗易幟的邪路,堅定不移走中國特色社會主義道路。」[7]《決定》更提醒大家,中國「是工人階級領導的、以工農聯盟為基礎的人民民主專政的社會主義國家,國家的一切權力屬於人民。必須堅持人民主體地位,堅定不移走中國特色社會主義政治發展道路,健全民主制度、豐富民主形式,拓寬民主渠道,依法實現民主選舉、民主協商、民主決策、民主管理、民主監督,使各方面制度和國家治理更好體現人民意志、保障人民權益、激發人民創造,確保人民依法通過各種途徑和形式管理國家事務,管理經濟文化事業,管理社會事務。」[7]而最重要的是,必須堅守中國的人民代表大會、人民政治協商會議制度。因為只有這一制度,才能保證

中國「［人治］+［法治］的政治」模式的完整性、創新性、有效施政能力的特色；才能説明為什麼中國實行的「協商民主」政治體制，比西方的「對抗民主」政治體制，更穩定、更幸福、更能顯示中國模式的「［人治］+［法治］」的政治模式的優越性；為什麼這一體制，更能彰顯中國特色社會主義社會的政治和諧，社會穩定，「良政善治」[9]，民主自由，能把權力關進籠子裏的實質精神。而這一政治體制與西方喜歡扣在中國頭上的所謂「專制」的帽子是毫無關係的。因為西方的這一種看法是錯誤的。張維為在他的《文明型國家》一書中，對於這一個問題有精闢的分析，他説：「西方很多人總喜歡強調『民主與專制』的對立，不少中國人也喜歡套用這個概念來分析政治問題。他可以解釋一部分現象，但同時又明顯地缺少詮釋力，因為這個觀念顯然把千差萬異的世界政治形態過分簡單化了：這個世界只剩下民主與專制的對立，不是民主就是專制，民主是好的，專制是壞的，而民主和專制的概念又是西方界定的。這種分析框架顯然是荒謬的。」[9]

其次，西方模式還要我們相信，通過所謂西方式的民主，所產生的政體是不會出現專制和獨裁的。但事實勝過雄辯，所謂民主政體，怎麼又出了個希特拉這樣一個獨裁者呢？美國又怎麼會選出一個專制的特朗普總統來呢？許多歐洲的國家為什麼都傾向走專制的單邊主義的民粹道路呢？（同時參考第8章的有關討論）。

還有，至今中國是唯一的一個國家，最努力地在維護多邊主義、自由貿易；最努力地在支持以聯合國為核心的國際體系；最努力地在協助建立以國際法為基礎的國際秩序；最努力地在推動人類命運共同體的構建來維護國際

間的自由。　因為只有這樣才能確保，世界能長期的穩定、和平。這是中國模式的自由觀的其中一個重要特色。

　　但另一方面，我們要明白：中國模式的自由觀，是與中國的民族性的實事就是態度有密切關連的。就拿這次對新冠肺炎的防控來說，在中國內地和香港，政府要強制市民「戴口罩」，執行「居家令」等，中國人民很自然的都贊同和接受。但在美國或一些歐洲國家的有些人，則態度相反，只知道追求個人的自由，置個人自由於家國之上；還有一些歐美市民，更被一些政客和政黨所利用，在他們的挑撥和煽動下，極力反對任何限制個人自由的防控措施，而去選擇自私自利的、不顧他人死活的一些做法，例如：拒絕戴口罩，反對居家令，反對保持「社交距離」（social　distancing），示威反對政府等。從這此件事，我們還可以看到，西方國家的政客，是多麼善於利用，

這些偏激的自由主議思想和具有強烈個人主義的選民，來操控選舉、搞政治鬥爭、「政治攬炒」等。這就帶出一個較為基本的問題：就是哪一種方式：中國模式較為嚴厲的防疫辦法，抑或西方模式的較為佛性的防疫辦法，最能有效和妥善地解決新冠肺炎傳播的有關問題。即是說，政府應選擇：維護「自由」，還是維護「生命」，這樣一個簡單的問題。而從這次全球性的新冠肺炎防控的成功與失敗的實踐來看，我相信大家會同意我的看法：西方模式的「自由至上、選舉至上」的概念，在解決這一個問題上，是頗令人失望和不及格的！而中國模式的「人民至上、生命至上」的概念，在解決這一個問題上，則非常成功。

參考資料

（1）李建中主編，《人文社科經典導引》，2018年，武漢大學出版社，第321-322，324頁。

（2）羅素著，《西方哲學史》，馬元德譯，2016年，商務印書館，第258頁。

（3）韓東暉主編，《西方政治哲學史》（第二卷），中國人民大學出版社，第77，90，93，100，101，104頁。

（4）Steve Parker著，左煥琛主譯，《人體結構、功能與疾病圖解》，2017年，上海科學技術出版社，第72，94頁。

（5）馬道立，2019年10月30日，在題為〈今日學生，明日領袖〉的演講，2019年10月31日，《文匯報》，A5。

（6）龔鵬程著，《中國傳統文化十五講》，2016年，香港中和出版有限公司，第305，306，349，369頁。

（7）2019年10月1日，中國共產黨第十九屆中央委員會第四次全體會議通過的《決定》，《人民日報》（海外版），06要聞。

（8）李建中主編，《人文社科經典導引》，2018年，武漢大學出版社，第325頁。

（9）張維為著，《文明型國家》，2017年，上海人民出版社，第135頁。

第7章
中國模式的人權觀

香港大學法律系陳弘毅教授在他的《法治、人權與民主憲政的理想》一書中指出：「『權利』思想在西方文明範圍內全面興起的18世紀末的兩份劃時代的政治文獻──1776年的北美洲13個英國殖民地的《獨立宣言》和1789年法國大革命時期法國國民議會通過的《人和公民的權利宣言》。《獨立宣言》宣稱人人生而平等，並享有某些天賦的權利──生命、自由和追求幸福的權利；而政府成立的目的，乃在於保障這些權利。法國人權宣言指出，對人權的忽視造成政府的腐敗和社會的禍害，人權是天賦、神聖和不可剝奪的；宣言更列出多種人權，例如非依法定程序不受檢控或逮捕、未被定罪前推定為無罪、言論自由、出版自由、宗教信仰自由、『神聖不可侵犯』的財產權等。」[1]

「美國獨立戰爭和法國大革命時人權理念之所以被提出和廣泛引用，不單是因為它在哲學層次尤其具有說服力和吸引力，更是因為它可用於對當時的政權的各種侵犯人權的行為提出有力的批評，更可以作為革命和建構一個全新的政治和社會秩序的理論依據。革命的理由可說成是現政權不尊重人民的人權，新秩序必須以尊重和保障人權為其主要原則和目標。人權的宣言強調人人平等，並非只是抽象的口號，而有其現實的針對性，例如在法國，貴族和教士享有諸多特權，人人平等便意味着這些特權的廢除。」[1]

「第二次世界大戰後，基於對戰時慘絕人寰的大規模暴行的反省，世界各國形成了共識，就是尊重和保障人權不單是各個國家和其政府自己的事，更應

是整個國際社會的關注。因此1945年聯合國成立時制定的《聯合國憲章》強調『基本人權、人格尊嚴和價值』的重要性，並規定聯合國和其會員國均應促進『全體人類之人權及其基本自由之普遍尊重與遵守』。隨後，1948年的《世界人權宣言》宣示了人權的具體內容，以後各國際人權公約和區域性的人權公約相繼訂立，更詳細規定各種人權標準及設立監督這些人權標準的實施的機制。例如香港的《基本法》規定香港特別行政區實施的《公民權利和政治權利國際公約》和《經濟、社會與文化權利的國際公約》，便是這些公約的重要構成部分。」[1]

從以上有關人權的扼要發展史，我們可以看到其中有幾個特點是需要注意的：（I）「權利」思想是西方文明範圍內興起來的一種理念；（II）它是用來對當時的西方政權的各種侵犯人權的行為提出有力批評的一種強有力的武器，並用作為革命和建構一個全新的政治和社會秩序的理論和實踐的根據；（III）它是受着西方宗教（天主教和基督教這種一神教）的影響和束縛下的一種理念。

下面就讓我詳細說明一下。

(I)

（A）用人權作為武器

「權利」思想是西方文明史範圍內興起來的一種理念。因此，不是中國的東西。中國對於「權利」所涉及的思想範圍，只接受其中部分的原則範圍；有一些原則，因為不適合中國的傳統觀念、文化、國情，和不適用於中

國的政法制度,所以中國沒有採用。譬如,美國認為擁有槍,是人權,是一種需要保障人權的理念;但中國則不認同(還包括其他許多國家)。其次,**中國認為人民的生命權、健康權、發展權、消除極端貧困權、環境保護權對中國現階段的發展來說最為重要**;但美國等西方國家,則漠視這方面的人權,並利用它們的霸道行為和霸權主義思想,強迫要中國去接受和實施不適合中國的「西方式的政治人權」理念。其目的其實是很明確的,就是想用「人權」(還有「自由」、「民主」、「公義」)作為幌子來欺壓中國,想在中國搞「顏色革命」,最終推倒中國現今的政權。下面就舉例說明一下。

2019年11月27日,「香港人權與民主法案」正式成為美國法律;緊接着,2019年12月3日,美國國會眾議院又通過「2019年維吾爾人權政策法案」。美國通過這兩美國國內法,目的主要是用來「長臂管轄」干涉中國的內政,以及香港的反「港獨」、反暴力,以及新疆的反暴恐事務和政策。美國的這種做法,不但違反了《聯合國憲章》所彰顯的國際法及人權精神,而且還嚴重侵犯了中國的主權和安全。明眼人都看得出來,美國這樣做的目的,就是在用人權作為一種武器及一種非常險惡的圖謀,來打壓中國,牽制和遏制中國的發展和壯大,從而維護和鞏固美國的世界霸權。

進入新時代,人權應怎樣去界定,不是美國等西方國家說了算。中國有自己的人權立場、法律觀點和傳統,美國等西方國家也應該聽一聽,掂量一下其合理性;**不要自以為是地,把西方的受到宗教思想、歷史文化等嚴重污染和束縛的人權觀、價值觀,硬要中國人去接受。**美國等西方國家的這種強迫性的做法,本身就是違反人權基本原則的做法。

　　2018年12月18日，習近平在慶祝改革開放40周年大會上的講話中強調指出：「**我們要尊重各國人民自主選擇發展道路的權利，維護國際公平正義，倡導國際關係民主化，反對把自己的意志強加於人，反對干涉別國內政，反對以強凌弱。**」習近平的這一段講話，彰顯了中國的權利觀。而美國則為了自己的利益，經常漠視其他各國人民自主選擇的社會制度和發展道路的權利（包括人權）；漠視世界文明多樣性、權利觀多樣性、文化多樣化、世界多極化、經濟全球化的重要性；而是在大搞以鄰為壑、恃強凌弱、爭權奪利的強權霸道主義。換言之，美國正在全球搞的是：利用「人權」作為幌子搞「霸權」。

（B）怎樣保障人權

　　陳弘毅認為，「人權保障是程度的問題，生活在某些人權受到一定水平的保障的國家，總比所有人權都沒有保障的國家好。此外，如果有一非民主的國家為人民提高水平的經濟、社會與文化權利，而另一國國家很民主，但經濟、社會與文化權利的水平極差，孰優孰劣，可能是見仁見智的。」[1] 這一個見仁見智的問題，如果理性地去處理，問題還是可以容易得到解決的。但遺憾的是，像美國這種充滿霸道的西方國家，經常拿着雙重標準來搞美國式的人權外交：譬如，干涉別國的執行人權的狀況，以及用它來破壞別國的政治制度等。大家可以看到美國的這種做法，在阿富汗、伊拉克、利比亞、敘利亞等國家，已製造了無數的人道主義災難，促發了不知多少恐怖組織的產生，造成了頻密不停的戰爭，使這些國家持續不斷的動盪、大量的平民死亡、難民潮的不斷湧現。

再舉個例子：大家都知道，香港在2019年曾受着「港獨」分子的暴力活動的大肆破壞。但當時許多西方的國家和媒體却都支持這些「港獨」分子搞破壞和衝擊香港的法治；他們還嚴厲譴責和抨擊中國處理香港問題的手法。但當西班牙的加泰隆尼亞的獨立人士在搞騷亂希望獨立時，美國和西歐國家則充耳不聞。可見西方的國家和媒體的虛偽，他們用這種雙重標準的手法來保障人權，難道我們中國也要學他們那樣，做偽君子嗎？

（C） 個人的權利與社群的權利

在《西方文明中的法治和人權》一書中，陳弘毅指出：「自由主義強調的是個人的權利和自由，尤其是他所謂的私人自主。自由主義肯定私有產權和市場經濟，亦即哈耶克指出的自發形成的社會秩序（spontaneous order）。國家政府的角色是相當有限的，例如限於維持治安、對權利提供法治保障、建造基礎設施以方便經濟發展、組織國防力量等。從自由主義的角度看，每個人都應有權在不傷害他人的前提下，享受最大程度的自由，包括選擇自己的價值信念和生活方式，以實現個性和人生理想。自由主義無可避免地助長這樣的一種心態，就是個人可以個人主義地、自利地生活，毋須太關心周圍的人以至國家民族，毋須把他人或群體的利益和價值放在自己之上。從這個角度看，『犧牲小我成全大我』的心態是難以理解的。」[2]

「至於社群主義或共和主義，哈貝馬斯他認為它強調的是人民主權（而非個人權利）和公共自主（而非私人自主）。社群主義對人的自我或人性的理解與自由主義不同，認為人的自我認識或身份認同，與他作為社群的一分子這個事實和社群文化、傳統與歷史是密不可分的。 這即是說 『我是誰？』

這問題很大程度上決定於我生活在什麼樣的社會、文化、國家、民族或傳統中。這些外在的社會和歷史因素，決定了自我認識和人生追求的想法。」⑵

「因此，社群主義認為，人必須積極參與和投入群體的生活，把自己貢獻出來，人才能找到其身分認同，才能實現其生命的意義和價值。社群主義思想嚮往古希臘城邦的公共生活，在那裏公民不單享有民主參與、決定公共政策的權利，更對城邦作為命運共同體負有神聖的責任。在城邦危急存亡之際，公民須為城邦獻出自己的生命。社群主義強調公民不單是權利的主體，也是義務的主體，義務包括對他人、對整個社群義務，甚至對國家、民族、傳統和文化的責任。」⑵

現今我們面對的問題是，中國傾向於強調社群主義（即社會主義社會）人民整體權利的重要性，而西方國家則傾向於強調個人主義權利的重要性。本來這一個問題並不難解決，用理性的思維方法，不走極端地去予以處理和解決就可以了。但可惜的是美國為了要維護其霸權主義，把個人權利說成是普世價值，人人必須尊重，整個世界都要跟着它走。中國由於不跟着它走，故此，它處處都在為難和強迫中國必須接受美國的那一套看法；你如不順從，美國就採用各種手段（包括：在貿易、科技、金融、軍事等各方面）不斷打壓你、制裁你。但中國認為美國這種做法不對。因為正如張維為所指出的：「世界人權事業的發展正未有窮期，這個進程無人可以壟斷。」⑶事實上，中國對人權也有自己的創新性和獨到的看法，譬如：**人權必須與責任感結合。無責任、無義務相匹配的人權，是無價值、無實質意義的空談和口號；是在鼓勵個人主義的超度膨脹和不受控制，這樣不但容易造成社會混**

亂，而且能使無政府主義者得逞。而就中國來說，這樣國家就會四分五裂，人民變成一盤散沙，其結果是任由西方國家欺凌和魚肉中國的老百姓。

人權事業的發展是需要通過每一個國家自己的實踐不斷完善的，在這一個問題上，我套用美國學者福山（Fukuyama）的部分概念：歷史發展到了西方制度還沒有終結，而人權的概念就更需要各國不斷的努力去予以完善的（註：福山曾認為，「歷史發展到了西方制度就終結了」），但後來他有了新的看法，關心起「從歷史的終結，到民主的崩壞」這一個問題上，（見第8章的有關討論）。一個國家自己的人權觀，並不一定適合其他國家；中國反對自我中心的西方式的人權觀，認為這是一種霸道主義及具有偏頗立場的強權主義；中國也反對西方過度濫用個人人權的「普世價值」的理念，認為這是一種噱頭；中國也反對西方因要保障人權，而允許很多國家無法有效控制槍支和各種新毒品的被濫用情況的出現。而更令人匪夷所思的是，在新冠肺炎疾症蔓延之際，西方國家竟有「人權聯盟」（League of Human Rights）的律師，為了要維護人有不戴口罩的「權利」，而入稟法院，控告政府嚴重侵犯人權，逼政府放棄防控病毒傳播的「戴罩令」。我們不竟要問，到底是人權重要，還是人命重要！感染了病毒，人命可能都保不住，要人權來做什麼？

我認為中國是時候，必須打破西方壟斷人權的解釋權和人權議題設置的主導權，建立自己在這方面的主動理性的話語權；不然，在這一個問題上就容易「捱打」和處於被動。尤其在香港，假如我們對這一個問題，不去清楚講明白；那麼，中國模式的人權觀和價值觀等，就難有機會得到彰顯。因為，現今香港有些人，只認同西方模式的人權觀和價值觀！並不斷煽動香

港年輕人，做着許多非理性、干涉他人的自由選擇權和違反憲法之事，例如：「鼓吹攬炒」、「搞香港獨立」、「反對學普通話」等。

（II）

1776年的北美洲13個英國殖民地的《獨立宣言》，1789年法國大革命時期法國國民議會通過的《人和公民的權利宣言》，1945年聯合國成立時制定的《聯合國憲章》，1948年的《世界人權宣言》等與人權或保障人權的文件的起草和出台，可以説，都是時代的產物，反映了時代的需求；之後，又直接和間接推動了人權、政治、經濟、社會、教育等多方面的發展和影響，其中有些所產生的影響力，還非常之強大、深遠和廣闊，引發一些大規模的革命，以及促使一些極端違反人權的政府倒台。

而「關於個人享有各種基本權利、侵犯這些權利是不道德行為和這些權利應當受到法律的保護等概念，也是現代西方文明一個比較獨特的產物」[2]。但也必須要看到，當它被應用在與西方的政治體制、文化傳承不一樣的國家，那麼這些西方式的所謂「尊重個人」、「尊重他的尊嚴和價值」、「尊重他作為自主的道德主體的地位」[2]等權利概念，就不一定合適，也可能會起不了什麼作用或無實質的意義。

但現今，「人權」（包括「民主、公義、自由」）等概念，都已被納入所有國家的憲法之內，而且都有共識，不允許凌駕憲法。現今，這可以説，已是所有的文明國家，都會遵循的原則。因為，假如沒有憲法，任何一個國家都難以開展治國理政的工作。也就是説，要法治就必須要有一部大法，即

憲法。憲法是國家的根本大法，是治國安邦的總章程。

就中國來說，新中國成立70年，自中國的第一部憲法，叫《五四憲法》公布後，至2018年，中國的憲法根據國家的發展需要，已經歷了5次修改。《憲法》對推動中國的法治、人權的保障都起到了重要的作用。《憲法》又規定了國家最根本的經濟、政治和社會制度，公民的基本權利和義務以及國家機構組織和活動的基本原則。《憲法》是管國家的法，也是管每一個公民的法，規定了每一個公民自出生到老的一生權利和義務。因此，作為一個中國公民，我們必須遵守中國《憲法》、維護中國《憲法》，決不能讓其它國家踐踏我們的《憲法》，以及我們在《憲法》中規定的權利和標準。同時，我們也清楚知道，中國《憲法》中的有些權利標準，是與其它國家的權利標準不一樣的。而中國對各國在這方面的不同標準，也向來是持開放和包容的態度的。但中國也不接受別的國家，為我們訂定它們要強加於我們的標準，或搞雙重標準；更不允許外國「長臂管轄」干涉我們的標準，因為這涉及到主權的問題。而在主權的問題上，中國從來是不讓步的。

（III）

人權是受着西方反宗教（天主教和基督教這種一神教）、反專制、反殖民、反束縛的影響下的一種產物和理念。人權原不是中國的東西。人權是否一樣好東西？中國是否需要不加選擇地全部接受？西方的所謂人權概念，到底有多少是真的、有多少是想像的、有多少是純虛構的、有多少是被誤傳誤解的、有多少可被視作為所謂普世價值？事實上還有許多許多很不清晰、頗具爭議和被胡亂接受及信以為真的地方。舉個很好的例子，譬如：最著名和

最具影響力的《美國獨立宣言》就有這樣一句話：

「我們認為下面這些真理是不言而喻的：人人生而平等（all men are created equal），造物者賦予他們若干不可剝奪的權利，其中包括生命權、自由權和追求幸福的權利。」

以上這段話中的「人人生而平等」，顯然是錯的。以色列學者哈拉瑞在他的《人類大歷史 —— 從野獸到扮演上帝》一書中指出：

「『人人生而』，英文用的字眼是created（被創造出來的）但生物學證實的是：生命並沒有『被創造出來』，生命是演化出來的，演化鐵定沒有『平等』這回事，所謂平等的概念，是與『創造』的概念緊密相關。美國人的平等觀念來自於基督（Christianity，泛稱所有信仰基督的宗教，包括天主教、東正教、基督教），基督宗教認為每個人的靈魂都是由上帝所創，而所有靈魂在上帝面前一律平等。但是，如果我們不相信基督宗教那一套關於上帝、創造和靈魂的神話故事，那所謂人人『平等』究竟是什麼意思?演化的基礎是差異，而不是平等。每個人身上帶的遺傳密碼都有些許不同，而且從出生以後就接受到不同的環境影響，發展出不同的特質，導致不同的生存機遇。『生而平等』其實該是『演化各有不同』。」[4]

「而根據生物學，人並不是『創造』出來的，自然也就沒有『造物者』去賦予人類什麼。個體誕生的背後，就只是盲目的演化過程，沒有任何預設的目的。所以『造物者賦予』其實就只是『出生』。」[4]

「同樣的，生物學上也沒有『權利』這種事，只有各種器官、能力和特

性。鳥類會飛就是因為牠們有翅膀，可不是因為有什麼『飛翔的權利』。此外，這些器官、能力和特性也沒有什麼『不可剝奪』的問題，常常它們會不斷突變，還可能在一段時間後完全消失。例如鴕鳥，就是失去了飛行能力的鳥類。所以『不可剝奪的權利』其實是『可變的特性』。」 (4) （註：人類把一些動物予以馴化，也可以被視作為一種剝奪牠們的權利和自由的行為啊！試想一下，如果人類不允去馴養、馴化（domesticate）動物為人類所用，人類能像現在那樣，生存下去嗎？）

「那我們要問，究竟人類的演化具有什麼特性？『生命』倒是無庸置疑，不過『自由』又是怎麼回事？生物學可不講自由這種東西。自由就像是平等、權利和有限公司，不過是人類發明的概念，也只存在人類的想像之中。從生物學的角度來看，要說人類在民主社會是自由的、而在獨裁國家是不自由的，這點完全沒有意義。」 (4)

「最後，『幸福』又是什麼？ 到目前為止，生物學研究還是沒辦法為『幸福』明確下個定義，也沒辦法客觀測量『幸福』。大部分的生物研究都只認可『快感』確實存在，也能有比較容易定義和測量的方式。所以，『生命權、自由權和追求幸福的權利』其實只有『生命和追求快感』為真。」 (4)

「因此，我們來看看《美國獨立宣言》改用生物學、科學的角度重寫，該是如何：**我們認為下面這些真理是不言而喻：人人演化各有不同，出生就具有某些可變的特性，其中包括生命和追求快感。**」 (4)

從以上哈拉瑞的分析和闡釋，大家都可以清晰的看到，《美國獨立宣言》裏的謬誤所帶來的結果：美國靠它獨立了；但遺憾的是，美國卻又利用

它來作為武器，煞有介事地不斷在世界各地恫嚇其他的國家要跟從它，不然就用武力、顏色革命、經濟制裁等手段去打壓它們，並從中得利，鞏固其霸權地位。

　　大家都清楚知道，美國對中國也在用同樣手法。中國當然極力反對。2019年12月20日，習近平與特朗普通電話時就強調：「我們對近一段時間來美方在涉台、涉港、涉疆、涉藏等問題上的消極言行表示嚴重關切。這些做法干涉了中國內政、損害了中方利益，不利於雙方互信合作。希望美方認真落實我們多次會晤和通話達成的重要共識，高度關注和重視中方關切，防止兩國關係和重要議程受到干擾。」[5] 2019年12月19日，中國駐美大使崔天凱在華盛頓出席紀念澳門回歸20周年活動時：「嚴斥美國一些勢力不斷插

手香港事務、縱容支持暴力犯罪活動、想把香港亂局長期化，把香港當作『地緣戰略工具』，借搞亂香港來遏制中國。他強調中國政府維護國家主權安全的決心堅定不移，任何干預香港事務的企圖絕不會得逞」。[5]

美國想利用人權作為幌子來干預港澳事務，是中國絕不允許的；因為，香港、澳門事務完全是中國內政，「用不着外部勢力指手劃腳。」[5] 因此，在這裏值得指出，這也是中國模式的一個重要內涵，是中國在任何時候，任何情況下，都要全力以赴維護的中國模式中的一個重要特色內容。

現階段對中國來説，中國始終認為：**一個國家的生存權、發展權是首要的基本人權；保障各族人民的生命權、健康權、發展權，才是對人權的最好保護；反恐、反暴力、反分裂、反宗教極端主義的滋生、反對政治極端化、反對單邊主義、反對強權主義、反對侵略性的戰爭，才是對人權最重要的保障。**（註：這一段話對香港也適用。）

在這次新冠肺炎疫情，在美國的抗疫低效和無序，即便在其國內也被認為是「災難性失敗」。而這主要是因為「面對生死攸關的疫情，美國一些政客不是敬畏人民，尊重生命，而是想方設法謀取政治私利」[6]。「不僅如此，一些美國政客竟然毫無人性地提出了『老人應主動為重啟美國經濟而犧牲』的冷血言論。美國一直標榜自己是民主和人權的『楷模』，什麼叫言行不一、什麼叫極端虛偽，可見一斑。還有統計數據顯示，美國疫情主要的死亡群體是老人、窮人以及非白人族裔，連比爾蓋茨也只能無奈地感慨，有錢的美國人有機會多次檢測病毒，而窮人則是到死都沒有檢測的機會。不難看出，在美國，所謂人權，只是那些有錢人才能享有的東西；所謂民主，也不

過是有錢人玩的游戲」[6]。像這種事在中國絕對不會發生；而中國模式也絕不會允許這種事發生。這在中國處理防控新冠肺炎的疫情在中國的蔓延，可以看得一清二楚。

以上這些可以説，是中國模式的基本人權觀及中國模式在這方面的重要特色。可惜現今，我們還很難估計，中國模式的基本人權觀及西方模式的基本人權觀，能否可以取長補短，逐漸融合起來？抑或只能求同存異地長期和平共存下去？不過，姑勿論這兩種人權觀會怎樣發展和變化；我只希望，它們之間的分岐，不要引發任何你死我活的鬥爭。假如我們可以做到這一點，這對人類命運未來能健康地繼續演化下去，將是最好的貢獻！

參考資料

（1）陳弘毅著，《法治、人權與民主憲政的理想》，2013年，商務印書館，第40，41，42頁。

（2）陳弘毅著，《西方文明中的法治和人權》，2013年，商務印書館，第14，50，51頁。

（3）張維為著，《觸動中國》，2015年，中華書局，第135頁。

（4）哈拉瑞著（林俊宏譯），《人類大歷史──從野獸到扮演上帝》，2017年，天下文化，第126-128頁。

（5）《星島日報》，2019年12月21日，第一頁。

（6）任平，〈疫情暴露美國民主實質〉，《人民日報》，2020年5月26日。

第8章
中國模式的國家治理觀

　　美國學者法蘭西斯・福山（Francis Fukuyama）在1989年發表了一篇很有名的文章，題目為〈歷史的終結？〉。在文章中，他引用了許多古今資料得出結論，認為人類「見證的不只是『冷戰的終結』，而且是『歷史的終結』，因為從意識形態看，西方的自由民主體制必然成為人類最終的選擇。」⁽¹⁾也就是說，福山認為：「西方民主可能是人類歷史上最好的政治體系，也是最後的政治體系。」⁽²⁾

　　但福山後來改變了看法。因為他看到美國的民主體制出了一個很大的問題，那就是在政治體制的設計方面。他在《從歷史的終結到民主的崩壞》的講座中指出：「我們可以看到在民主國家，我們有很多不同的體制，譬如說政府的權力，以及法治與民主之間制衡的力量可能會出現改變。美國的平衡從建國一開始到現在，基本上都有非常強的法治元素，以及非常強健的民主制度，但我們沒有強健的官僚或是政治體系。在這個過程當中，對於美國這個政治系統當中制衡以及對行政權的限制的狀況，美國人基本上是還滿引以自豪的。但過去這個系統經過一個世代的演進，導致了體制相當嚴重的功能失衡。這個政治制衡的力量出現了不平衡，造成了美國社會的一些問題，第一個就是兩極化。譬如說在整個二十世紀當中，兩個美國主要政黨，民主黨和共和黨，在過去其實有相當多的重疊之處，包括新政（The New Deal）、包括列根減稅，基本上都是透過兩黨在國會當中結盟達成的結果。在九十年代開始，兩黨重疊的這個情況已經消失，到現在是蕩然無

存，現在最溫和的共和黨可能比最保守的民主黨還要保守。」⁽¹⁾

　　學者鄭永年2019年12月16日在香港發展論壇〈政治體制與治理〉研討會上指出：「今天世界各國都發生治理危機，例如香港反修例示威、英國脫歐、美國政黨紛爭、法國黃背心事件等。中美之間的衝突，表面上是貿易之爭，實際上是體制之爭。有西方政治評論家認為，民主制度已經死亡。但西方有自我批判的精神，認為民主雖不至於死亡，但有很大的危機。」⁽²⁾而江宜樺在《從歷史的終結到民主的崩壞》一書的序言中指出，福山現今的看法也「不再以西方自由民主體制為人類制度選擇的唯一依歸，而主張任何長治久安的政治制度，必須兼具強大的國家治理能力、重視法治的文化，以及民眾可以向政府課責的制度。」⁽¹⁾

　　對於西方自由民主體制為什麼在制度和治理方面出了問題，而引起福山認為，西方民主已「導致了體制相當嚴重的功能失衡」⁽¹⁾呢？而2020年，在美國所發生的大規模，為了爭取美國黑人的不被歧視（black lives matter）的反政府示威暴亂運動，又一次證明美國的體制，在治理能力方面，存在着嚴重及難以解決的功能失衡問題。

　　2019年，鄭永年在香港發展論壇〈政治體制與治理〉研討會上的發言中，也提出了類似這樣的觀點，他說：「為什麼一人一票的民主產生很多問題？我就想起為什麼計劃經濟會失敗？計劃經濟為了社會公平，消滅差異，但背後有幾個假設是錯的。計劃經濟第一假設是每人的需求是一樣的；第二個假設是每個人都不會貪婪，用心做好事；第三個假設國家政府可以收集到所有訊息。但現今社會不是這樣。我想西方一人一票的邏輯與

計劃經濟的是否一樣？」[2]

因為一人一票民主也有幾個假設：「第一個假設是每個人智商都是一樣的；第二個假設是所有人都是理性的，都可以收集訊息，而且分析能力都是一樣的；第三個假設是每個人都能預測未來情況。但實際上不是這樣，每個人智商不一樣，不理性地投票；長得『美』的候選人會較多票。」[2]

其次，「很多人認為民主會成熟，但我比較悲觀，民主永遠不會成熟；人永遠不會成熟。英國和美國都是自由民主的指路明燈，為何憲政出現錯誤？英國公投究竟有什麼影響？選民投完票都不知道。」[2]

「計劃經濟失敗了，我認為一人一票民主是『計劃政治』。如果計劃經濟失敗，一人一票作為計劃政治也是失敗的。」[2]

對於鄭永年所説的「計劃政治」我還不能全部理解其所指，不知是否指現今西方的民主背後的運作，事實上都是被某些有計劃地操控着的力量（例如：資本力量、意識形態力量、宗教力量等）。但我比較喜歡用「選舉政治」來描述一人一票的民主制度。而有關「選舉政治」的弊端，我在本書的前幾章中已作出了許多討論，所以在這裏我就不重複了。我只想指出，中國現今並沒有採用「計劃經濟」或「選舉政治」，而是採用了「混合經濟」制度（正式應叫：「社會主義市場經濟」；是一種「政府力量 + 市場力量」的混合模式）和「混合政治體制」制度（即：治理國家事務的人才的產生，靠的是：提拔 + 選舉，而不是像西方國家那樣，靠的是被選出來的所謂代議政制的議會議員（parliamentarian）或政客（politician）以及其治理體系

（即：決策權、執行權、監察權，三權分工合作地來治理國家））。中國在這方面，經過多年的實踐，一路在積累經驗（其中有許多失敗的經驗），但一直等到2019年10月31日，中國共產黨第十九屆中央委員會第四次全體會議通過的《中共中央關於堅持和完善中國特色社會主義制度推進國家治理體系和治理能力現代化若干重大問題的決定》[3]，才全面地把怎樣完善中國特色社會主義制度推進國家治理體系和治理能力現代化的若干重大問題的總體目標，自新中國成立以來首次予以明確；並具體提出了一條路線圖，即是說，要等到「中國共產黨成立一百年時，在各方面制度更加成熟更加定型上取得明顯成效；到2035年，各方面制度更加完善，基本實現國家治理體系和治理能力現代化；到新中國成立一百年時，全面實現國家治理體系和治理能力現代化，使中國特色社會主義制度更加鞏固、優越性充分展現」[4]之時。下面我將以上《決定》[3]中的一些主要目標，扼要地引錄在下面供參考，但由於篇幅所限，許多有關細節，這裏就不展開詳細討論了：

一. 堅持和完善中國特色社會主義制度、推進國家治理和治理能力現代化的重大意義和總體要求。

二. 堅持和完善黨的領導制度體系，提高黨科學執政、民主執政依法執政水平。

三. 堅持和完善人民當家作主制度體系，發展社會主義民主政治。

四. 堅持和完善中國特色社會主義法治體系，提高黨依法治國、依法執行能力。

五. 堅持和完善中國特色社會主義行政體系，構建職責明確、
依法行政的政府治理體系。

六. 堅持完善社會主義基本經濟制度，推動經濟高質量發展。

七. 堅持和完善繁榮發展社會主義先進文化的制度，鞏固全體
人民團結奮鬥的共同思想基礎。

八. 堅持和完善統籌城鄉的民生保障制度，滿足人民日益增長
的美好生活需要。

九. 堅持和完善共建共治共享的社會治理制度，保持社會穩
定、維護國家安全。

十. 堅持和完善生態文明制度體系，促進人與自然和諧共生。

十一.堅持和完善黨對人民軍隊的絕對領導制度，確保人民軍隊
的忠實履行新時代使命任務。

十二.堅持和完善『一國兩制』制度體系，推進祖國和平統一。

十三.堅持和完善獨立自主的和平外交政策，推動構建人類命運
共同體。

十四.堅持完善黨和國家監督體系，強化對權力運行的制約和監
督。

十五.加強黨對堅持和完善中國特色社會主義制度、推進國家治
理體系和治理能力現代化的領導。」[3]

從《決定》我們可以看到，《決定》已全面回答了長期西方國家對中國特色社會主義制度的國家制度和國家治理模式的可持續發展的質疑和不信任。《決定》並且還清楚勾勒出「中國之治」的許多具體內容，以及其優越性、創新性和文化傳承方面的許多特點。

對「中國之治」的特點，福山曾指出：「如果統一的、中立的中央政府是現代國家的標誌，那麼中國是世界上最早的現代國家。他認為，中國在戰國後期已建立了現代意義上的國家政權，其基本標準是『統一和理性化的官僚制度』，也就是説，官員升遷依照能力標準，而不是像歐洲歷史上的世襲制。福山説：『坦率地講，我們今天所理解的一些現代國家要素，公元前3世紀就已存在於中國了，這比它們在歐洲出現早了1800年。』他還説過，秦代中國的官僚政府『比羅馬的公共行政機構更為系統化，中國人口中受統一規則管轄的比例也遠遠超過羅馬』」[5]。

在中國流傳着這樣一個故事。在改革開放初期，中國邀請了許多外國的政府高官到中國來培訓中國官員，怎樣治理一個現代的國家。但來中國的那些外國官員覺得很奇怪，中國為什麼要這樣做？因為他們説，西方的那套文官制度，是西方從中國學習過去的。19世紀，當西方開始實行民主政制時，政府工作人員的管治、入職、升遷等程序，都無法可依、無章可尋，非常混亂，流弊叢生，貪污腐敗橫行。後來他們參考學習了中國的科舉制度和官僚制度，以及採用了官員可以通過文官考試制度得到任用和提拔，西方的民主政體才慢慢的建立起來。在中國這一套制度直至現今還依然在應用，但當然已大大的作出了改良和優化，以適應現今社會治理之需。所以在治理國

家方面，中國是有自己一套方法的，而這一套方法，可以説，對維持中國幾千年的文明的傳承是起到相當重要，也可能是關鍵作用的。換言之，我認為對中國來説，要把中國治理得好，並不需要去引進什麼西方的民主體制。最重要的是，任何時候，都必須把國家特有的治理體系、反腐體系、監督體系抓緊、搞好，把治理能力不斷與時俱進地予以提高。因為只有把中國治理好了，才能讓中國長治久安，才能把中國模式的基礎築牢，使其優越性和特色彰顯和不斷釋放出來。

當談到現今中國的特色社會主義制度，以及推進中國的治理體系和治理能力現代化時，必須清楚了解中國共產黨作為中國的執政黨，為什麼要堅持「一黨專政」，中國共產黨在理政治國方面所扮演的角色到底是什麼？

對於這一個問題，鄭永年在香港發展論壇〈政治體制與治理〉研討會上的發言中指出：「現在中國是改革開放40年，建國70周年，你要理解中國，最少要從秦漢開始看。從歷史上發現，西方政府不干預經濟，但從中國《鹽鐵論》觀之，管理、發展經濟是政府天經地義的責任，不能推卸。西方社會説中國是『專制社會』，這是不對的，因為政府要負責公共建設。中國從漢朝到現在，國家與民間是互動的。」[2]「中國從前是皇權制度。有人總是用『封建專制』形容中國歷史，其實不正確。封建和專制是矛盾的，封建不能專制，專制不能封建；封建是分權，專制是極權。皇權是壟斷，但相權是開放的。」

我很同意鄭永年的觀點，歷來中國好的宰相輩出，這些出類拔萃的治國人才都有其一定的特點，而他們大多數都是經歷過多種為官的考驗和歷練，

然後才能為相的。不像西方民主國家的政客，靠懂得怎樣操控選舉、煽動群眾、搞示威、亂說亂批、大話連篇，就能掌控到政治權力。西方「選舉政治」所產生的希特勒，不就是這樣上台的嗎？許多民粹主義的政客、思想偏激的投機分子，不也就是這樣，泛濫成災地冒出來的嗎？這種成事不足敗事有餘的政客和投機分子，在香港和台灣還少見嗎？

　　張維為更進一步指出：「西方國家向世界提供了一個概念：民主與專制的對立。不少國人也喜歡用這個概念作為分析問題的框架。這個概念有其存在的理由，因為它可以解釋一部分政治現象，譬如，希特勒是通過民選上台的，但上來之後就開始搞專制。但是細想一下，這個概念明顯地缺少闡釋力，愈來愈成為一種意識形態的工具，因為這個觀念顯然把千差萬別的世界政治形態過份簡單化了：這個世界只剩下民主與專制對立，不是民主就是專制，而民主是好的，專制是壞的，專制就是法西斯就是希特勒。這種過分簡單化的分析框制，自然限制了這個概念的詮釋能力」。[6] 這種非黑即白的兩分法的概念或方法論，很有煽動力，但也容易迷惑人，因為它簡單、易懂、容易入腦，可用來當武器有效打擊敵人。這種兩分法的方法論，在西方的宗教界最為盛行：你信神，就上天堂；不信，就入地獄。歷史上成千上萬既不信有神，又不信無神的人，那麼他們又怎樣呢？去了哪裏呢？這可涉及古今千千萬萬的人啊！對於類似這種尷尬的問題，西方宗教界是無法給你答案的。

（註：對不起，有答案，他們叫你去問神；或說：神肯定會有所安排的，請不要再問！）。

據說宗教界的兩分法的方法論，是猶太人摩西發明的，為的是要來打擊多神教，鞏固一神教。但摩西的發明，事實上卻在這世界上，為人類帶來了無數

的痛苦、災難和戰爭！而這些災難，我怕還會繼續傷害人類下去！除非人類可以理性地和包容地去看待各種宗教信仰的問題。即是說，我認為，最好是能做到：1.你信你的，我信我的，大家互不侵犯、互相包容。2.你不要強迫我信你的，我也不強迫你信我的。大家以慈悲為懷，發揚大愛精神，和平共處、合作、共善、共鑒。

在張維為所著的《觸動中國》一書中，他還指出說，假如：「不是民主就是專制」，「這個概念套用到中國，也面臨窘境。西方把蔣介石時代叫專制，把毛澤東時代叫專制，把鄧小平開創的新時代也叫專制，而經歷過這些時代的人都知道這些時代的巨大差別。這一事實本身就表明民主與專制概念的局限性。其實，只要有點「實事求是」的精神，就可以點破這種西方話語的盲點。用民主與專制的二元對立可以解釋一部分世界事務，但確實已經無法解釋當今這個複雜的世界了，想用所謂世界民主國家聯盟的方法處理當今的世界事務更是愚不可及。」[6]

但遺憾的是，美國仍然在做這種「愚不可及」的事，在不斷的毒害世人。更可恨的是，美國還採用一切不擇手段的方法在害人，包括香港的年輕人，這在這次「修例風波」事件中，我們可以看得很清楚美國這一所謂「自由民主」國家的惡毒手段和做法。嗚乎哀哉，可惜直至現在，還有許多香港人仍然無法醒過來！

現今我們人類已進入了數碼時代（digital age），擁有和掌握了大量先進的高科技知識和手段，例如：互聯網＋、大數據、區塊鏈、5G技術、北斗衛星導航系統、人工智能等。現今這些高科技手段，都已被應用在治理國家方

面，使政府的治理國家的工作愈來愈簡便、順暢和高效率。中國在這方面的工作正在大力推進；而由於中國在這方面的發展非常之快，這就引起了美國的恐懼，怕中國會很快超越美國。因此，中美競爭誰勝出的問題，便成了一個非常棘手的大問題。台灣長風講座主持人江宜樺指出：「中美之間的競爭的決勝關鍵是在以下兩個領域：

第一，我覺得最重要的一個指標，就是我們前面提到的在科技創新的部分，包括物聯網、新材料、生技、人工智慧，或是其他的領域，怎樣去駕馭這些科技對社會經濟的潛在作用，同時減少對社會穩定的威脅，我想這是二十一世紀最為重要的主題：哪個社會可以更有效利用這些新科技來創造更有效率的政府、增進永續發展，並快速回應社會變遷需求，讓政府在監管法規與提供公共服務方面能即時變革，這是在政治、社會、經濟等各個層面的競爭。美國著名評論家佛里曼（Thomas L. Friedman）很擔心，中國可能在智慧城市、綠色科技、物聯網等發展的速度甚至要快過美國，這些都是我們應該注意的。」(1)

「第二個領域跟全球治理比較有關。哪個國家比較能夠促進新興國家經濟體與已開發國家之間的共識，並進一步推動全球治理改革的行動計劃呢？尤其是在未來十年左右，我們看到很多國際議題領域都應該獲得更多的管理與協調，以及如何適應這個變化和新的現實。」(1)「這個變化和新的現實」的出現，我認為是件好事，因為他將在一定程度上解答中國模式抑或西方模式，孰優孰劣的問題。

可惜的是，美國並不願意給中國一個平等競爭的機會。現今，美國正在

用全國之力，想方設法打壓和圍堵中國，不讓中國發展，特別是在高科技的發展方面！但我相信，只要中國把自己的國家治理好，把特色社会主義的治理模式務實築牢，就不怕美國怎樣打壓我們！怎樣撼動我們！真所謂「邪不勝正」！不過，雖如此，我們中國人自己還是需要不斷的努力和加強自信，才能把中國模式的正氣逐步彰顯出來；把中國在這方面的話語權盡快地奪回來。習近平指出：「所謂的『中國模式』是中國人民在自己的奮鬥實踐中創造的中國特色社會主義道路。我們堅信，隨着中國特色社會主義不斷發展，我們的制度必將愈來愈成熟，我國社會主義制度的優越性必將進一步顯現，我們的道路必將愈走愈寬廣，我們發展道路對世界的影響必將愈來愈大。」(7)

而最後，我認為特別重要的是，要把我在本書的「前言」中所強調的，我們必須把中國自己所創建的特色社會主義的「四合一模式」的組織結構形式堅持下去。所謂「四合一模式」我指的是：（1）**「混合經濟模式」**(6)（註：即，「人本經濟」與「市場經濟」或「看得見的手」與「看不見的手」的結合）(6) ＋（2）**「混合政治模式」**（註：即，平衡「社會力量」、「資本力量」、「政治力量」的模式，與「選賢任能」的模式結合）(6) ＋（3）**「創新的法治 ＋ 監察制度模式」**（註：即，「法治」＋「清廉、高效的執政黨」(8) 的運行模式，與「選拔」＋「選舉」制度的相結合）(6)）＋（4）**「制度化的協商民主集中制模式」**（註：即，「政府在治理方面，盡最大努力與人民全面協商，然後再集中意見作出決策」(6) 的制度）。

但治理像中國這樣一個超大的國家，除了要有創新的辦法和好的治理發展模式之外，同樣重要的是，要有明確的治理目標和長期戰略佈局。而中國在這方面也做得非常之好和與別不同。譬如：提出要「堅決貫徹創新、協調、綠

色、開放、共享的發展理念；統籌推進『五位一體』總體布局（註：即，總
體佈局經濟建設、政治建設、文化建設、社會建設、生態文明建設）；協調推進『四
個全面』戰略佈局（註：即，全面建成小康社會、全面深化改革、全面依法治國、全面從
嚴治黨），推動高質量發展，推動新型工業化、信息化、城鎮化、農業現代
化同步發展，加快建設現代化經濟體系，努力實現更高質量、更有效率、
更加公平、更可持續的發展。」[9] 以上這些治理目標，都是中國模式在
建立和治理國家體系方面的重要內容和特色，是務實和發展中國模式的基
石。沒有類似中國這樣正確有效和較為長遠的發展目標，任何一個國家是
都難以（甚至無法）治理得好的。而西方模式由於體制和治理體系問題，
剛巧就在這方面，顯現得非常弱勢和特別低能；因而導致中國模式很有可
能較容易地超越西方模式。

這就是為什麼習近平一再強調：「要推進全面依法治國，發揮法治在國家治理體系和治理能力現代化中的積極作用。」因為只有這樣，才能「務實中國之治的制度根基。」[10] 只要這一根基牢固，中國模式才能成功。

參考資料

（1）《從歷史的終結到民主的崩壞》——法蘭西斯‧福山講座，2019年，長風文教基金會編，第10，11，75，76，149，150頁。

（2）鄭永年，在2019年12月16日，香港發展論壇〈政治體制與治理〉研討會上的發言，《灼見名家》網頁，2019年12月23日。

（3）2019年10月31日，中國共產黨第十九屆中央委員會第四次全體會議通過〈中共中央關於堅持和完善中國特色社會主義制度推進國家治理體系和治理能力現代化若干重大問題的決定〉，2019年11月6日《人民日報》（海外版），06 要聞。

（4）劉少華，〈經國序民 正其制度〉，2019年11月6日《人民日報》（海外版），08 焦點關注。

（5）張維為著，《這就是中國》，2019年，上海人民出版社，第149頁。

（6）張維為著，《觸動中國》，2015年，中華書局，第228，229，242頁。

（7）習近平，《關於中國特色大國外交論述摘編》，中共中央黨史和文獻研究院編，2020年，中央文獻出版社，第63頁。

（8）2020年1月7日，中共中央政治局常務委員會會議，〈聽取全國人大常委會、國務院、全國政協、最高人民法院、最高人民檢察院黨組工作匯報，中央書記處工作報告〉，2020年1月8日，《文匯報》，A15 中國新聞。

（9）習近平，〈論堅持全面深化改革〉，中央文獻出版社，2018年，第519頁。

（10）習近平，《求是》雜誌，22期，2020年11月16日《人民日報》。

第9章
中國模式的文明觀和世界觀

當今世界正經歷百年未有之大變局，中國則處於實現中華民族復興之關鍵時期，科技正在飛速地發展，不斷顛覆着人類已創建的文明，並把它推向一個更高階的世界文明或全球化文明。

中國文明能持續發展至今的道路

首先，讓我們來看一下中國文明能持續發展至今的道路，是怎樣走過來的，特別是在過去的70年。中國文明之能持續發展至今，仍然生氣蓬勃，當然要歸功中國共產黨贏得了革命的勝利。其次，是由於中國共產黨作為執政黨，能通過「不斷總結國內外正反兩方面經驗，不斷探索實踐，不斷改革創新，建立和完善社會主義制度」[1]，全面地發展中國的「經濟、政治、文化、社會、生態文明、軍事、外事等各方面制度」[1]，以及不斷地加強和完善國家的治理體系，並逐步構建了中國特色社會主義的制度和優化了治國理政的能力，才取得了現今這樣歷史性的成就。因此很明顯的，中國特色社會主義這一制度，是有其成功之道和一定特色的，而這特色我認為主要彰顯在以下幾個方面：

特色（1）：這一制度和治理體系是「植根中國大地、具有深厚中華文化根基、深得人民擁護的制度和治理體系」[1]；因此，「是具有強大生命力和巨大優越性的制度和治理體系，是能夠持續推動擁有近十四億人口大國進步和發展」[1] 的制度體系。

特色（2）：中國這一制度和國家治理體系，具有多方面的顯著優勢，扼要地说，大概有以下幾方面的主要優勢，即：「（i）堅持共產黨的集中統一領導，堅持科學發展理論，保持政治穩定，確保國家始終沿着社會主義方向前進；（ii）堅持人民當家作主，發展人民民主，密切聯繫羣眾，緊緊依靠人民推動國家發展；（iii）堅持全面依法治國建設社會主義法治國家，切實保障社會主義公平正義和人民權利；（iv）堅持全國一盤棋，調動各方面積極性，集中力量辦大事；（v）堅持各民族一律平等，鑄牢中華民族共同體意識，實現共同團結奮鬥、共同繁榮發展；（vi）堅持公有制為主體、多種所有制經濟共同發展和按勞分配為主體、多種分配方式並存，把社會主義制度和市場經濟有機結合起來，不斷解放和發展社會主義生產力；（vii）堅持共同的理想信念、價值觀念、道德觀念，弘揚中華優秀傳統文化、革命文化、社會主義先進文化，促進全體人民在思想精神上緊緊團結在一起；（viii）堅持人民為中心的發展思想，不斷保障和改善民生、增進人民福祉，走共同富裕道路；（ix）堅持改革創新、與時俱進，善於自我完善、自我發展、使社會始終充滿生機活力；（x）堅持德才兼備、選賢任能，聚天下英才而用之，培養造就更多更優秀人才。」[1]（註：以上的引錄，在字眼上我略有改動）這些顯著的優勢，對堅定中國特色社會主義的自信，保持中國的長期繁榮穩定，保障中國國家主權的安全，維護中國的發展利益，都非常重要；但更重要的是這些優勢要素，對務實和進一步提升中國的大國地位，繼續發展中國自身的獨特文明，以及積極支持發展一個具包容和可持續發展的世界文明，都會起到關鍵性的引領作用和推動作用。

特色（3）：張維為在他《觸動中國》一書中指出：「中國力量、效率、責任和文化元素的背後，是一種偉大的中國精神的崛起。這種精神的特點是：為政就必須勵精圖治，為民就必須兢兢業業，人心就是要向善，社會就是要和諧，民心就是要堅毅，民族就是要團結。我們社會走向現代化和多元化的今天，這種精神的崛起尤為可貴。世界普世價值的形成過程是一個不同文明取長補短的互動過程，這個過程無人可以壟斷，其發展也正未有窮期，中國人要為此作出自己的貢獻。中國精神為『民主』理念注入了新的元素：民主不能止於投票，民主必須落實到良好的政治治理，治理必須『以人為本』，必須高效勤政。中國精神也為『人權』理念注入新的內容。」[2]西方「只知從個人自由角度來解讀人權」[2]；而中國精神則認為，人的行為應該能做到「先人後己、犧牲小我成全大我」，這才是人應有的責任和德行，並且應能做到這一點，感到無上的自豪和光榮。

我認為，弘揚中國精神及其特色，正是現今我們每一個中國人都應學習和堅持去做的事，假如我們要保障中國的文明能夠可持續發展下去；並讓中國模式不斷地發光發亮，在人類命運的進化史上佔一主要席位。

特色（4）：「堅持獨立自主和對外開放相統一，積極參與全球治理，為構建人類命運共同體不斷作出貢獻」[1]這可以說又是中國模式的一大特色。中國之能做到這一點，說明中國對發展中國特色社會主義的道路、理論、制度、文化等，不但非常有信心；並且還可以讓中國有效地融入世界，幫助推動世界經濟貿易高速發展，重構穩定國際的新秩序；同時還能為中國爭取到更好的外部條件和環境，來「維護國家主權、安全、發展利益，維護世界和平」[3]。

而更重要的是，如習近平所指出的，我們必須「堅持交流互鑒，建設一個開放包容的世界。『和羹之美，在於合異』。人類文明多樣性是世界的基本特徵，也是人類進步的源泉。」(3)

用習近平的話來說，中國的開放政策的目的，就是希望能「始終不渝走和平發展道路、奉行互利共贏的開放戰略，堅持正確義利觀、樹立共同、綜合、合作、可持續的新安全觀，謀求開放創新、包容互惠的發展前景，促進和而不同、兼收並蓄的文明交流，構築尊崇自然、綠色發展的生態體系，始終做世界和平的建設者、全球發展的貢獻者、國際秩序的維護者。」(3) 最終達致，人與人之間可以和平共處的「人類命運共同體」，人與自然可以和諧相處的「人與自然命運共同體」。

中國的文明觀、世界觀與中國的外交特色

習近平在接受拉美四國媒體聯合採訪時的答問時說：「中國外交政策的宗旨就是維護世界和平，促進共同發展，為國內深化改革、實現兩個一百年奮鬥目標營造良好外部環境。」(3)

他還多次講，「世界正處於百年不遇的大變局之中。撫今追昔，讓人感慨萬分。1840年鴉片戰爭後，中華民族也經歷了數百年不遇的大變局，從那以後我國形勢江河日下，中華民族陷入幾乎亡國滅種的深淵！現在則完全不同了，中華民族偉大復興展現出前所未有的光明前景。古人講，三十年河東，三十年河西，其實說的就是歷史規律。我們要深刻認識和準確把握這個歷史性變化，奮發有為，積極進取，順應歷史給我們指明的方向。」(3)

「中國將繼續高舉和平、發展、合作、共贏的旗幟，始終不渝走和平發展道路、奉行互利共贏的開放戰略。中國將繼續積極維護國際公平正義，主張世界上的事情應該由各國人民商量着辦，不會把自己的意志強加於人。中國將繼續積極推進『一帶一路』建設，加強同世界各國的交流合作，讓中國改革發展造福人類。中國將繼續積極參與全球治理體系變革和建設，為世界貢獻更多中國智慧、中國方案、中國力量，推動建設持久和平、普遍安全、共同繁榮、開放包容、清潔美麗的世界，讓人類命運共同體建設的陽光普照世界！」(3)

「縱觀人類歷史，世界發展從來都是各種矛盾相互交織、相互作用的綜合結果。我們要深入分析世界轉型過渡期國際形勢的演變規律，準確把握歷史交滙期我國外部環境的基本特徵，統籌謀劃和推進對外工作。既要把握世界多極化加速推進的大勢，又要重視大國關係深入調整的態勢。既要把握經濟全球化持續發展的大勢，又要重視世界經濟格局深刻演變的動向。既要把握國際環境總體穩定的大勢，又要重視國際安全挑戰錯綜複雜的局面。既要把握各種文明交流互鑒的大勢，又要重視不同思想文化相互激盪的現實。」(3)

以上所引錄的習近平講話，清楚闡明了中國的基本外交政策，以及為什麼中國要倡議「構建人類命運共同體」。而有關「構建人類命運共同體」的闡述和討論，我在近期編著的兩本書中（註：(1)《人類命運的演進印跡和路程》（修訂版）；(2)《人類命運進化的基石及元素》），已有很詳細的說明和介紹，在這裏我就不重複了。我只是想指出，如習近平所說：「現今這個世界，各國相互聯繫、相互依存的程度空前加深，人類生活在同一地球村裏，

生活在歷史和現實交匯的同一個時空裏，愈來愈成為你中有我、我中有你的命運共同體。」 (3) 因此我認為，只有把這命運共同體構建好，並把人類命運共同體的理念，在各國樹立起來，得到共識，才能保證人類的文明可持續發展。這也就是說，必須要求各國同舟共濟，不要以鄰為壑，和衷共濟地來共同建設一個更加安寧、更平等、更均衡、更富足、更安全、更先進、更文明、更美好的地球家園。讓人類命運可以朝著長期和平、共同發展、合作共贏、穩步進化的方向邁進；讓人民可以工作得更好、生活得更好；讓社會、科技、工業、經濟可以快速地發展和挺進。而我相信大家也可以看到，中國的內政、外交，也正是朝著這一方向在努力地構建和尋求各國都能接受的好的方案和辦法。我認為中國這一發展方向，是中國模式非常重要的創新特色及核心內容。

但當現今還不是所有的國家，都意識到人類文明已演化進入一個「你中有我、我中有你」的「全球人類命運共同體」的發展階段。當許多影響全球人類命運的重大事件和問題不斷地湧現出來，而迫切需要人類團結、合作、共同去應對（例如：地球的氣候不斷地暖化；全球的污染狀況愈來愈嚴重；這次全球性慘不忍睹的新冠肺炎疫情的肆虐；全球結構性的兩極分化、貧富差距愈來愈大；開發太空所引發的戰爭風險的加大；互聯網、物聯網、大數據、人工智能的全球應用，為人類帶來的巨大衝擊愈來愈難以預料），以及必須用中國所倡導構建的人類命運共同體的理念去予以解決，那麼推動構建人類命運共同體便成了唯一的辦法及選擇。不過，如要用人類命運共同體的理念來解決以上這些影響全人類命運的問題，我們必須先讓中國模式和西方進行合

作共融 （cooperate and integrate）。而特別是要把中國模式所強調的注重「集體利益」，與西方所強調的「個人利益」相互平衡及融合；把中國模式所強調的注重「社會秩序化」，與西方所強調的「個人自由化」相互平衡及融合；把中國模式所強調的注重「入世觀」（註：如孔子所說「未能侍人，焉能侍鬼」的觀念），與西方所強調的「出世觀」（註：必須服侍神的觀念）相互平衡及融合；把中國模式所強調的注重「精神文明」，與西方所強調的「物質文明」相互平衡及融合；把中國模式所強調的注重「社會主義經濟」，與西方所強調的「自由市場經濟」相互平衡及融合；把中國模式所強調的注重「人民利益」，與西方所強調的「資本家利益」相互平衡及融合；把中國模式所強調的注重「人民至上 生命至上」， 與西方所強調的「自由至上、選舉至上」相互平衡及融合。只有這樣我們人類命運的進化，世界的和平才能得到保障。現今，迫切需要我們盡快去解決的這些問題，在這次新冠肺炎病毒襲擊我們

人類的過程中，我們已經可以具體地看得很清楚，而無須再有任何懷疑和擔心。

現今還有人說，當我們進入「疫情後時代」（post-covid-19 pandemic era）（或「後疫情時代」）時，我們將很有可能會見到：歐盟組織的持續不穩定，甚至解散。全球性的權力結構、權力秩序、權力中心的重新構建、移轉和定位；特別是「西方中心論」受到挑戰，導致世界秩序進入了一個重整重組的階段。而這一重組，當然不會一蹴而就的，而是需要頗長的一段時間。因為，西方的一些傳統價值觀、文化心理、宗教信仰等的重新調整和被審視（譬如：握手並不是一種很文明的做法；以後戴口罩將會被西方人普遍接受等），都需要時間去逐步改變。假如真的出現這種變化，那當然會對西方「神聖不可侵犯」的地位；美國的領導權；美國的許多自私、狂妄、霸道和不可一世的做法，造成很大的衝擊；動搖美國以及西方的引領世界未來向前邁進和發展的地位。這「疫情後時代」到底會朝怎樣的路徑發展和演化？中美的博弈會起什麼變化？世界秩序的重組，將會產生怎樣的新格局？美國新總統上台，會否使世界格局有所改變？且讓我們拭目而待，耐心地靜觀其變吧（同時見第10章，第12章的討論）。我只希望，有關的轉變，不要為人類帶來任何的災難和痛苦就好！

參考資料

（1）〈中共中央關於堅持和完善中國特色社會主義制度推進國家治理體系和治理能力現代化若干重大問題的決定〉，2019年10月31日中國共產黨第十九屆中央委員會第四次全體會議通過，2019年11月6日，《人民日報》海外版。

（2）張維為著，《觸動中國》，2015年，中華書局，第238-239頁。

（3）習近平，〈關於中國特色大國外交〉論述摘編，中共中央黨史和文獻研究院編，2020年，中央文獻出版社，第17，20，21，22，23，24頁。

第10章
中國模式在防控新冠肺炎疫情所彰顯的優越性

2019-2021年新冠肺炎疫情在世界出現全球大流行。新冠肺炎疫情大爆發的第一波，是從2019年12月底至2020年3月，在中國發生；第二波則是從2020年3月起至年底；現第三波在全世界大規模發生。人類面對這突如其來的，前所沒有見過的，重大傳染病（或瘟疫）的威脅下；在與這「世紀病毒」搏鬥；在打好這塲驚心動魄的全球性的疫情防控阻擊戰；中國是怎樣與疫情展開鬥爭的？其他的國家又是怎樣對付它？在回答這些問題之前，讓我先扼要地回顧一下整件事的過程，以及所涉及的一些深層次問題。同時想指出，這次世界各國在應付新冠肺炎疫情高速蔓延及其大規模全球肆虐，也給了我們一個很好的機會，讓我們可以清楚看到，中國模式在處理這一事件時的優越性在哪？缺點在哪？西方模式的優越性在哪？缺點又在哪？兩個模式相比較之下：孰優？孰劣？更可以讓大家根據事實，客觀理性地去作出判斷。

新冠肺炎這一完全新的流行病，全世界的醫學專家，從來都沒有見過，也沒有這方面的知識及經驗；再加上這一流行病又具有蔓延速度快、範圍廣、處理難度大的特徵。因此，要有效防控這一突發性的公共衛生事件，以及遏制這一流行病的大規模傳播，很明顯的，只有靠「國家的力量」來解決才行。由於這一個原因，所以，中國將怎樣依靠和利用自己的綜合國力和國家力量，來有效處理這一塲流行病，成了全世界聚焦的關注點。因為，這一塲流行病，首先在中國爆發（註：但病毒的源頭並不一定在中國，因為有研究證據顯示，源頭可能在美國；見 P. Forster等，美國科學院院刊，有關論文（*Proceedings of*

National Academy of Sciences，USA，2020.4.8）。其次，中國模式又能否在這一事件中發揮作用，能否彰顯其優越性，也是一個大家都非常關心的問題。而對中國自己來說，也是一次如習近平所說：「對中國的治理體制和治理能力的大考」。

中國模式的優越性在哪?

中國一再強調，保證國土安全和人民生命健康幸福，歷來都是中國國家的最基本國策；是中國傳統上治國理政的最重要內涵和要求；是中國特色社會主義的建立和發展的目的。因此在這一場防疫戰，中國是動用了全國的力量來：封城、封社區、停課、停娛樂；建設臨時醫院；並且還緊急動員全國的醫護人員和物資，把他們快速集中起來，支援武漢；並建立全國性的「聯防聯控」和「群防群治」的極其嚴密防線，切斷疫情擴散的渠道。從防控的大策略來說，只要武漢的疫情防得住（註：武漢在2020年1月23日第一個被封城，在2020年4月8日解封，共76天），其他省份就不會出大問題。事實證明，中國所採用的策略和舉措，非常成功和有效；因為在兩個多月的時間，中國便在全國範圍內，把疫情控制住了，並且可以有序地放開管制和復工復產。當然，在貫徹落實各項有關的政策和措施時，國家所要承受的經濟損失是海量的，人民付出的艱辛和努力，也是非常之大的。但假如中國不這樣做的話，或中國沒有這樣強而有力的制度及治國理政的基礎和優勢做這件事，我相信中國出現全國性的疫情大爆發、大失控的機會是非常之高的。一旦中國出現這樣的情況，那麼經濟的損失將會更巨大和更慘重，這是可以肯定的！具體一點說，中國就會像大多歐洲國家和美國那樣，出現抑制疫情蔓延失敗；疫情急

速升級惡化；以及死亡人數大幅上升至慘絕人寰的高度！這種慘狀，在中國沒有出現。

歐洲和美國等一些西方模式國家，
為什麼會出現疫情失控和章法大亂的局面呢？

這我認為，主要是因為：

1. 這些國家太過強調「人權」及「自由」。因此，他們不願意，也不敢像中國那樣，採用唯一最有效的嚴厲抗疫措施，如：封城、強制性居家隔離、要求人與人之間必須保持社交距離等。靠西方模式運作的國家的當政者，因為他們都得依賴選舉而掌權，所以他們怕一旦採用較為嚴厲的防控措施，將會惹民眾反感而失去選票。這可以說，是西方模式的一個重大弱點及無藥可救的頑疾。對西方模式國家的執政者來說，獲得選票，比挽救人的生命更重要！這顯然是西方制度上的一大缺陷。

2. 西方模式國家的政治體制，又過分強調個人主義，譬如：大多數人都不會理會國家衛生部門，要他們戴口罩。而戴口罩的重要性是在於，可以有效減少病毒的大範圍傳播和人員的被感染。假如不如此做，就會導致病毒難以在社區層面得到有效的控制，以及無法有效切斷或減少病毒傳播的途徑。而美國特朗普總統，就是一個典型的個人主義者，他只相信自己，不相信別人。許多有關美國防控疫情的決定，只根據他個人的好大喜功和政治利益作出的。他完全無視和不理會美國疾病及預防控制中心，以及美國國家衛生研究院傳染病部門主管福奇等專家有關防疫的建議和警示，公開反對實施社交距離措施和不鼓勵市民戴口罩。在美國，更由於很多市民太過強調「個人主

義至上」的信念，竟然出現這樣的怪事：美國人覺得買槍來保護他們自己，比相信政府或配合政府防疫來保護他們，更具信心及有安全感！

3. 西方國家的政客，都存有一種「民主優越論」，及白種人的優越感的思想。所以，很多西方人的心中都藏有根深蒂固的傲慢與偏見意識，看不起有色人種。所以，當新冠肺炎開始在中國高速蔓延時，西方國家都持一種看黃種人笑話，及讓中國政府出醜的心態。他們錯誤地相信，疫情只會在中國這種「威權」政體、不講「民主」、不講究衛生的國家和「東亞病夫」族群中，才會出現和發生。像西方這種講「民主、自由」，強調衛生健康的國家，是不會出現和發生這種事的。

日本財相麻生太郎2020年年初，在日本議會開會時透露：他在一次G20財長會議上，曾提出G20國家應關注新冠肺炎的蔓延之事。但他得到的答覆是，這是亞洲人的病，西方人是不會有這種病的；所以G20無須關注此事。可見西方人的傲慢與偏見，到了什麼程度！

4. 西方國家從意識形態出發，完全不重視或故意忽略中國所採取的嚴厲防疫措施。但事實證明，要遏制這一具極其快速傳染性的病毒，中國的做法是唯一最符合科學規律的做法。換言之，西方國家用逆科學規律的意識形態來限制和壓制防疫措施，其結果大家都清楚，西方大多的國家都搞得一塌糊塗。當疫情的蔓延和危害，到了不可收拾的局面的時候，才願意採用中國的許多嚴厲和有效措施，來控制疫情。因此，我們可以看到，西方國家的意識形態和制度，在實際處理較為複雜的有關社會民生、公共衛生、國際關係等方面的問題，是存有許多弱點、局限性和缺陷的。假如要

所有的國家，都跟隨西方的意識形態及文化心理樹立起來的西方模式來建立其政體的話，那麼這個世界將無法可持續發展下去。如果西方模式要彰顯其優勢及影響力，西方國家必須持更開放、包容和尊重多元的意識形態的存在的必要性的態度，來看待自己的政體模式；這樣西方模式才可以避免走入，思想僵化、頑固偏激、唯我獨專、我是真理、我的價值觀最準確的死胡同裏去。西方國家更沒有理由，用西方模式來壓制中國模式，一定要將中國模式置死地而後快。

由於新冠肺炎在中國爆發的初期，西方國家採取了蔑視、輕視、歧視中國及新冠肺炎疫情的心態和立場，所以當新冠肺炎疫情在西方國家真正爆發時，他們的醫療衛生系統完全崩潰，導致他們的醫護人員陷入束手無策，一籌莫展，無能力醫治大批患者的窘境。為什麼會出現這樣的情況呢？問題是，當中國為他們提供的抗疫「窗口期」的時間段內，他們完全不作任何防疫準備，並搞了許多拖延政策來應付疫情。這樣他們就白白浪費了，中國為他們在窗口期提供的許多值得他們學習、參考，以及可預先做好準備的有益經驗。其結果是，大家都清楚，當新冠肺炎疫症在西方國家爆發時，許多西方國家，例如：意大利、西班牙、英國、美國等，都出現了慘不忍睹的窘困局面；並且還要為他們先前的「無作為」，防疫應對不力，付出巨大和沉重的人員大量死亡的代價，以及財政進入困境及經濟走上衰退的代價。到了疫情爆發的後期，他們才肯面對現實，乖乖的學習中國的經驗和模式，採用較為嚴厲的措施，如叫大家戴口罩，保持社交距離；採用「禁足令」，「居家令」等，才把疫情控制住。

世界各國必須合作抗疫才能力挽危機

2020年3月26日，二十國集團（G20）以視頻會議方式召開G20領導人特別會議，商討有關推動全球協調應對新冠肺炎疫情及其對經濟和社會的影響。

在會上，習近平指出：「重大傳染病是全人類的敵人。新冠肺炎正在全球蔓延，給人民生命安全和身體健康帶來巨大威脅，給全球公共衛生帶來巨大挑戰。」[1]

習近平在會上，就會議議題提出四點倡議：

「第一，堅決打好新冠肺炎疫情防控全球阻擊戰。盡早召開二十國衛生部長會議，加強信息分享，開展藥物、疫苗研發、防疫合作，有效防止疫情跨境傳播，攜手幫助公共衛生體系薄弱的發展中國家提高應對能力。我建議發起二十國集團抗疫援助倡議，在世衛組織支持下加強信息溝通、政策協調、行動配合。中方持人類命運共同體理念，願同各國分享防控有益做法，開展藥物和疫苗聯合研發，並向出現疫情擴散的國家提供力所能及的援助。

第二，有效開展國際聯防聯控。中方已經建立新冠疫情防控網上知識中心，向所有國家開放。要集各國之力，共同合作加快藥物、疫苗、檢測等方面科研攻關。探討建立區域公共衛生應急聯絡機制。

第三，積極支持國際組織發揮作用。中方支持世衛組織發揮領導作用，制定科學合理防控措施。我建議，二十國集團依托世衛組織加強疫情防控信息共享，推廣全面系統有效的防控指南。要發揮二十國集團溝通協調作用，適時舉辦全球公共衛生安全高級別會議。

第四，加強國際宏觀經濟政策協調。各國應該聯手加強宏觀政策對衝力度，防止世界經濟陷入衰退。要實施有力有效的財政和貨幣政策，維護全球金融穩定，維護全球產業鏈供應鏈穩定。中國將加大向國際市場供應原料藥、生活必須品、防疫物資等產品。要保護弱勢群體，保障人民基本生活。中國將繼續實施積極的財政政策和穩健的貨幣政策，堅定不移擴大改革開放、放寬市場准入，持續優化營商環境，積極擴大進口，擴大對外投資，為世界經濟穩定作出貢獻。」(1)

習近平還呼籲：「二十國集團成員採取共同舉措，減免關稅、取消壁壘、暢通貿易，發出有力信號，提振世界經濟復甦士氣。制定二十國集團行動計劃，並就抗疫宏觀政策協調及時作出必要的機制性溝通和安排。」(1)

習近平最後強調：「值此關鍵時刻，我們應直面挑戰，迅速行動。我堅信只要我們同舟共濟、守望相助，就一定能夠徹底戰勝疫情，迎來人類發展更加美好的明天。」(1)

以美國為首的西方國家與中國合作戰疫

防疫的目的是什麼？

同一日，習近平應約同美國總統特朗普通話。習近平強調「當前中美關係正處在一個重要關口。中美合則兩利，鬥則俱傷，合作是唯一正確的選擇。希望美方在改善中美關係方面採取實質性行動雙方共同努力，加強抗疫等領域合作，發展不衝突、不對抗、相互尊重、合作共贏的關係。」(2)

但可惜的是，美國好些政客卻在高調地不停推卸責任和抹黑中國，把

美國自己的疏忽，不得力和不當地處理疫情的責任和黑鍋，甩給中國。還說什麼要中國「賠償」美國在這方面的「損失」！。正如中國外交部發言人華春瑩，在2020年4月2日的一次外交部記者會上，不得不氣憤地指責美國的政客說：「這些一而再，再而三『造鍋』、『甩鍋』的美國政客，是非常的『無恥』和『無德』。」

其次，更值得注意的是，特朗普在與習近平通過電話之後，又立刻簽了《台灣友邦國際保護及加強倡議法》，又名《台北法案》，來進一步加強支持台獨分子和美國的反華勢力的力度，讓他們可以更明目張胆地來對抗中國。[3] 可見，美國利用台港反華的決心，就算在美國疫情爆發到了如此嚴峻的時候，亦並沒有忘記。還不停想方設法打壓中國，遏制中國模式的彰顯，以及壓制中國的崛起。正如美國國務卿蓬佩奧在公開場合一再向外界強調說：「美國把中國作為戰略競爭對手，是在任何情況下，都不會變的！」換言之，這就是說美國的戰略意圖，就是要徹底打垮中國模式。不然，「美國第一」的霸權地位，及其西方模式，就可能會丟失掉。美國的惡毒之心，可以說，已到了無藥可救的地步。而所謂與中國合作，只是要達到美國戰略意圖目的的一步棋子和一種佈局而已。而更可惡的是，美國還挑動一些歐洲等國家，指責中國的援助抗疫醫療物資，質量不好；並「抹黑」和「妖魔化」中國的人道關懷，說中國是在趁機搞什麼中國式的「稱霸」。美國作為一個講民主的國家，但被美國選民選出來的政客，為什麼會如此的惡毒、卑鄙？我們還有必要去讚美和抄襲西方模式的民主嗎？

依我的看法，要西方懂得中國的善意和「兼善天下」的理念；要西方了

解和認同中國所倡導和力行的同舟共濟、守望相助的人類命運共同體理念；要西方國家理解國與國之間要齊心協力、團結合作，比搞互相猜忌、彼此對抗，對推進人類的和平演進，以及人類能健康地生存在這一地球上，更為重要這一點上，中國還需要化更大的力氣和付出更多的努力才行。如要在中國模式vs西方模式的鬥爭中，逼迫西方模式退出歷史舞台，肯定不是一場瘟疫可以解決了的事。如要西方模式停止繼續引領人類歷史的發展，中國首先要進一步加倍努力打造好自己的軟硬實力；並與美國之外的其他國家，搞好睦鄰友好關係。更要防止美國在疫情過後，聯合其他國家來圍攻中國，搞各種污名化中國、推卸責任、「秋後算賬」的把戲，以及破壞經濟全球化的進程（如：一些美國政客正在鼓吹的，要把在中國的美資企業撤出中國）。在這方面中國不得不好好防備，未雨綢繆；在疫情過後的世界亂局，以及國際秩序的重新調整和組合中，做好各種鬥爭的準備，有效、有理、有節地與西方模式作鬥爭。只有這樣中國模式才能與西方模式分出高低；讓中國模式最後勝出、吐氣揚眉、出人頭地！

但在中國模式最終戰勝西方模式之前，中國模式還是要繼續和西方模式PK下去，打持久戰。這是因為中國模式和西方模式所持的最基本的「人性觀」、「人生觀」、以及「道德觀」和「價值觀」都很不一樣。這從兩種模式，在這次怎樣對待新冠肺炎患者的態度和立場，就可以看得一清二楚。中國模式在這次疫情中所顯示的是，必須盡一切努力，治理每一個病人，挽救每一個患者和每一個生命（包括每一個長者）；因為，中國是把救治人民生命放在第一位。中國始終堅持的是：「以民為本、生命至上」的中國理政治

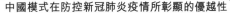
國理念和價值觀。而西方模式則可以選擇「向疫情投降」，不作抵抗；搞什麼「群體免疫」，「佛系防疫」；選擇性地放棄救治病人的生命，特別是一些長者的生命！（註：即對年老的患者不作救治，讓他們去死）。像西方模式國家，所採用的這種極其冷血和慘無人道的做法，中國絕對不會採用。因為中國模式所倡導和秉持的是人類命運共同體的理念和精神，認為每一個國家及其人民，都應負起人類命運共同體的責任和義務，休戚與共，合作抗疫，才能戰勝這全人類的敵人，才能挽救這世界性的危機和災難。中國想做到的是「人類必須攜起手來，共同佑護各國人民生命和建康，共同佑護人類共同的地球家園，共同構建人類衛生健康共同體」。中國絕對不會認同一些西方模式制度下，通過選舉產生的領導人，所採用的那些無人性、違反人權、以及漠視人的生命權的做法！更不齒那些通過選舉產生的西方領導人，把自己的過錯，推卸給中國或其他人的做法。這從《華盛頓郵報》的一份調查報告 (4)，可以看得一清二楚。報告指出：「華府早於1月3日已得悉武漢出現神秘疾病，卻不斷因其他政治問題一再拖延防疫工作，直至70多日後才頒布國家緊急狀態，終致美國疫情大爆發」(4)。在期間「世衛曾多次就疫情向美國示警，但美國總統特朗普一直忽視」(4)。並且還怪責和諉過世衛，暫停向世衛撥款，削弱世衛抗疫力量。特朗普為了自己的政治私利，為了搶選票，推卸一切有關抗疫失誤的責任。可見，美國政客為了選舉，什麼邪惡、無人性的事都做得出來！

小結

從以上我們可以清楚看到，中國模式把人類生命安全放在第一位；而西方模式則把贏得選舉放在第一位。其次，《人類簡史》作者哈拉瑞指

出：「現屆美國政府放棄了領導人的職務，而更在入境限制及疫苗研發上背棄歐洲盟友，因為他更關心美國的偉大而不是人類的未來。」⁽⁵⁾可見，以西方模式為代表的美國的基本立足點是「自私自利」；而中國模式的基本立足點則是「合作共贏」。從這一次抗新冠肺炎，中國模式及西方模式所持的立場和態度，我們應明白，這兩種模式之區別和不同之處，及孰優孰劣的地方。

最後，必須指出的是，上面已經提過，這次的疫情對中國模式來說，是一次治理體系和能力的大考。因為在處理這一次疫情過程中，也集中暴露了一些中國模式在治理體系方面的弱點和缺點。正如央視網的一篇評論⁽⁶⁾所指出的，譬如：「城市公共環境治理方面還有不少死角，國家應急管理體系還存在一些不足，關鍵物質生產能力佈局還有待改善。」⁽⁵⁾而我認為，更重要的是，這一次疫情，也暴露了中國模式的運行，所依賴的官僚體系的一些短板及弱項：特別是有關一些官僚的「亂作為」、「不作為」、「形式主義」、「官僚主義」等。這些問題，必須盡快妥善予以解決；不然，就會大大削弱中國模式戰勝西方模式的戰鬥力及根基。

這次新冠肺炎疫情，讓全世界上所有的人可以看到，中國在保護人民安全和身體健康，是「不惜一切代價」的。而中國之能夠這樣做，正是因為中國模式所突顯的「人民至上、生命至上」的理念。任平在《人民日報》為文指出：「人民安全是國家安全的基石，人類健康是社會文明進步的基礎」。「只有採取包容性辦法，保護每個人的生命權和健康權，新冠肺炎疫情才能得到控制」。「堅持生命至上，團結協作防控疫情、挽救生命，這是全人類唯一正確的選擇」。⁽⁷⁾習近平在2020年5月18日，第73屆世界衛生大會視

頻會議開幕式上致辭時說：「人類是命運共同體，團結合作是戰勝疫情有力的武器，是各國人民合作抗疫的人間正道」。[8] 以上這些言論，說明中國模式在處理新冠肺炎疫情時的方法、立場、理念等，基本上是與西方模式很不相同的；而在具體處理新冠肺炎疫情時，中國模式所顯現的優越性，是都有事實可予以證明的。譬如，正如曲青山所指出的：中國很早便「明確疫情防控的『戰略戰術』是人民戰爭、總體戰、阻擊戰」[9]。在這次抗擊疫情中，我們看到了我國制度優勢中國家力量所起的最基礎作用。「就是全國一盤棋，集中力量辦大事，舉國一致，行動高效」[9]；「群防群治」[9]。「在這次抗擊疫情中，我們看到了我國制度優勢中道德力量所起的激勵作用。這個道德力量是什麼？就是中華傳統美德的大力宏揚和社會主義核心價值觀的積極踐行。中華傳統美德和社會主義核心價值觀蘊涵着愛國主義精神和集體主義原則。文化是一個民族的標識，精神是一個民族流淌在血液中的基因。中華傳統美德倡導『一方有難、八方支援』『救死扶傷、醫者仁心』『同舟共濟、守望相助』『患難與共、共克時艱』『大愛無疆、團結協作』『滴水之恩、湧泉相報』。社會主義核心價值觀對公民的道德要求是『愛國、敬業、誠信、友善』。這些內容在這次抗擊疫情中得到大力宏揚和充分展現」[9]。「在這次抗擊疫情中，我們看到了我國制度優勢中法治力量所起的保障作用、科學技術力量所起的支撐作用。法治體現和反映防疫抗疫中我們國家和人民的意志，科學技術展示和顯現防疫抗疫中我國科技進步和創新的巨大威力」。[9]

　　張維為在一個電視節目中[10]，很精簡地總結指出，在具體處理新冠肺

炎疫情方面，中國由於國家制度優越，可以及時根據習近平的要求，提出「堅定信心、同舟共濟、科學防治、精準施策」[10]地去解決防疫中出現的各種難題和困難；但美國則由於國家制度上存有許多問題和缺陷，所以疫情把美國整個國家陷入：「領導失能、政府失效、市場失靈、社會失衡、價值失德」的困境[10]。中國模式與西方模式兩者在制度上的優劣，所引發和導致的結果，會呈現這麼大的差別，可以說正是超出很多人的想像，是大家始料不及的！

後疫情時代

從香港踐行「一國兩制」的歷程來看，在新冠肺炎疫情過後，香港重新出發之際，香港有必要認真重新全面審視一下，香港未來的發展模式和方向：是仍然依照舊的模式繼續「混」下去？還是應盡快轉型，朝著配合與中國內地大力發展「新基建」的方向去建立自己新的經濟增長點和新的發展極。這一個問題和挑戰，香港必須面對，但看來香港政府似乎還沒有這個準備，去尋找最好的未來發展方向。這樣吧，讓我們先看一下，中國內地是怎樣解決這一重大難題的。然後再看看，到底內地有些什麼東西，值得我們香港借鑒、學習和參考的。

2020年5月8日，百度董事長兼首席執行官李彥宏在《人民日報》撰文指出：「自工業革命以來，創新和效率一直是推動世界經濟發展，人類生活改善的重要動力。現在，全球正迎來新一輪的創新紅利期，以人工智能為核心驅動的智能經濟，將成為經濟發展新引擎之一。在新的紅利期，人工智能將從人機交互、基礎設施、行業應用三個層面對社會、經濟和生活產生廣泛而

深遠的影響。這些將重塑人類的經濟結構和生產關係，迎來更具創造力、生命力的時代。」[11]

又據《人民日報》2020年6月7日的一篇報道[12]：「習近平總書記在浙江考察時強調，要抓住產業數字化，數字產業賦予的機遇，加快5G網絡，數據中心等新型基礎設施建設。今年的《政府工作報告》提出，擴大有效投資的重點之一為加強新型基礎設施建設。」[12]

看來新型基礎設施建設，將是未來發展的方向。那麼什麼是新型基礎設施建設呢？

根據國家發改委，新型基礎設施建設，主要是指以下三個方面的發展範圍：「 一、信息基礎設施；二、融合基礎設施；三、創新基礎設施。

　　一、信息基礎設施——主要指基於新一代信息技術演化生成的基礎設施。以5G、物聯網、工業互聯網、衛星互聯網為代表的通訊網絡基礎設施；以人工智能、雲計算、區塊鏈等為代表的新技術基礎設施；以數據中心、智能計算中心為代表的算力基礎設施等。

　　二、融合基礎設施——主要指深度應用互聯網、大數據、人工智能等技術，支撐傳統基礎設施轉型升級，進而形成的融合基礎設施： 如智能交通基礎設施、智慧能源基礎設施等。

　　三、創新基礎設施——主要指支撐科學研究、技術開發、產品研製的具有公益屬性的基礎設施：如重大科技基礎設施、科教基

礎設施、產業技術創新基礎設施等」^{（12）}。

我認為香港如要繼續發展，就必須抓住這一千年難得一遇的機會，盡快與中國內地的數字、智能、創新經濟融合，才能免於被中國內地的快速發展邊緣化。因此，最明智的做法是，香港應盡快利用中國內地和全球，正在如火如荼地構建的創新時代的紅利，以及一國兩制的優勢，為香港創造一條嶄新的發展道路，讓一國兩制進一步充實中國模式的內涵和加速務實中國模式建設的力度。

參考資料

（1）《文匯報》，2020年3月27日，A2文匯要聞。

（2）《文匯報》，2020年3月28日，A3文匯要聞。

（3）《頭條日報》，2020年3月28日，第4版。

（4）《文匯報》，2020年4月16日，〈《華郵》踢爆：1月初已收中方警告，70天屢出錯，致大爆發〉A24文匯要聞。

（5）《文匯報》，2020年4月2日，A11文匯要聞。

（6）《文匯報》，〈央視網：在動態優化中尋找平衡點〉，2020年4月2日，A13文匯要聞。

（7）任平，〈為「生命至上」傾盡全力〉，《人民日報》，2020年6月9日。

（8）習近平，2020年5月18日，第73屆世界衛生大會視頻會議開幕式上致辭，《文匯報》，2020年5月19日，A4。

（9）曲青山，〈我國制度優勢在抗擊疫情中的力量彰顯〉，《人民日報》，2020年6月17日。

（10）張維為，《這就是中國》，第61期（YouTube）；及〈東方衛視〉，2020年6月15日，晚上10時。

（11）李彥宏，《人民日報》，2020年5月8日。

（12）〈新基建如何加速落地〉，《人民日報》，2020年6月7日。

第11章
中國模式成功消除中國的絕對貧困

中國政府帶領中國人民擺脫千百年來的貧困；並自改革開放40多年來，使億多中國人口實質地脫了貧。習近平作為中國的領導人，在這方面，他的理想是希望可以做到在2020年，讓中國已能「解決中華民族千百年來存在的絕對貧困問題」[1]；「建立一套中國特色脫貧攻堅制度體系，為全球減貧事業貢獻了中國智慧和中國方案」。因此，中國在這方面所表現出來的「脫貧攻堅力度之大，規模之廣，影響之深，前所未有。譜寫了人類反貧困歷史新篇章」。[1] 大大豐富了中國模式的內涵。

長期以來，對許多未發展或發展中的國家來說，貧困是最艱難解決的一個大問題；是造成和引發這些國家，長期陷入政治不穩定、內戰頻繁、被外國恣意欺侮的最主要原因。

中國視扶貧、脫貧為一攻堅戰、一塊非常難啃的硬骨頭、一項非常艱巨的任務，需要政府下大決心，動用全國之力才能解決的問題。大家都清楚知道，要解決這一個問題，並不是任何國家都能做得到的事。但中國做到了。這主要是因為中國把中國模式，經過多年的努力耕耘，在這方面具備了許多優越的條件。譬如：一、擁有一個具特色的社會主義制度；二、中國的經濟經過長期的發展，與其他許多發展中的國家相對來説比較發達；三、治理秩序舉措精準多樣；四、執政黨有強大的決斷力和決心去完成這一任務；五、能長期保持一個政治相當穩定的環境；六、積累了足夠的國力和資源解決貧困問題；七、得到人民普遍的支持。

鄭永年在他著作的《大趨勢：中國下一步》一書中指出：「對任何國家來說，扶貧都是一個永恆的事業，因此扶貧的可持續性非常關鍵。在基層，一些有識之士已經開始擔心，這樣大規模的扶貧，儘管可以出現正面的短期效應，但在資源耗盡之後又會出現什麼樣的情況呢？」[2] 對於這一個問題，習近平在分析有關「攻堅困難」的一次扶貧脫貧的講話中，是這樣說的：「產業扶貧是穩定脫貧的根本之策，但現在大部分地區產業扶貧措施比較重視短平快，考慮長期效益、穩定增收不夠，很難做到長期有效。如何鞏固脫貧成效，實現脫貧的效果的可持續性，是打好脫貧攻堅戰必須正視和解決好的重要問題。」[1] 顯然，從習近平以上的講話，說明中國政府已注意到，鄭永年所指的，「一些有識之士開始擔心」的有關問題了。相信中國政府在這方面必定會加以防備和準備好解決方案的（見下面的討論）。

習近平在以上同一講話中，還指出，在解決脫貧攻堅戰的過程時，仍存在著許多的問題，沒有好好的得到解決；而這些問題一定是要在過程中予以解決的。並且還「要把困難估計得更充分一些，把挑戰認識得更到位一些，做好應對和戰勝各種困難挑戰的準備。」[1] 如：

一、**形式主義**：「從脫貧攻堅工作看，形式主義、官僚主義、弄虛作假、急躁和厭戰情緒以及消極腐敗現象仍然存在，有的還很嚴重，影響脫貧攻堅有效推進。這些問題，我已經多次敲過警鐘了，今天再敲敲『法槌』，希望引起大家高度警覺。」[1]

二、**管理粗疏**：「扶貧領域的『蒼蠅式』腐敗，雖然可能是單個案件金額不大，但危害不可小視。『蟻穴雖小潰大堤，蝗蟲多了吞沃野。』如果任由這些行為滋生蔓延，積少成多，不僅會使脫貧成效大打折扣，而且將嚴重損害黨和政府在群眾心目中的形象。」[1]

三、**虛假脫貧**：「數字脫貧、虛假脫貧問題也時有發生。」[1]

四、**巧立名目變相融資**：「一些地方出現了打着脫貧攻堅旗號大舉借債、以脫貧攻堅為名搞變相融資的問題，什麼東西都往脫貧攻堅上靠，穿馬甲、塗脂抹粉爭資源爭項目，擴大地方債務，要堅決防止和糾正。」[1]

從以上習近平所指出的問題，據我的了解，中國各級政府都已相應的提高了警惕，以及作出各種應付措施和解決辦法。這些經驗的積累，對以後更好的解決扶貧脫貧的有關工作中可能出現的問題，將會有利於進一步改進和有效的監督有關工作。這對全面打好脫貧攻堅戰，我認為，會有很大的好處。而對其他的國家來說，如要借鑒中國的扶貧脫貧經驗的得失，值得他們更深入地去具體研究、參考和尋找適當的解決辦法。

扶貧與全面小康社會建設

鄭永年在《大趨勢：中國下一步》一書中，分析指出：「2015年11月，中國共產黨第十八屆五中全會通過了『十三五』規劃建議稿。這份建議稿提出，到2020年之前，現行標準下七千萬農村貧困人口要實現脫貧，貧困縣全

部摘帽，解決區域性整體貧困。同時，『十三五』規劃建議稿提出了實現共同富裕，建立全面小康社會的目標。」而所謂「『全民小康社會』可以說是中國共產黨的『中產階級』觀。只是因為『中產階級』具有特殊的政治和意識形態的含義，中國的執政黨才使用這個具有中國傳統的概念。無論是『全面小康社會』還是中產階級社會，兩者的本質含義是一樣的，即要建設一個『兩頭小、中間大』的『橄欖型社會』」[2]。

而中國也「必須通過保護中產階級手段來有效防止人口的『返貧』。在任何社會，中產階級是社會穩定的基礎，更是消費社會的基礎。中產階級規模的變化決定了一個國家的社會經濟狀況。顯見，對中國來說，扶貧是為了培養中產階級，建設『全面小康社會』，而鞏固中產階級則是為了不讓貧困再現。」[2]

依我的看法，可能更為貼切一點的說法是：中國是想通過積極進取的扶貧政策和舉措，避免中國出現「兩極分化」的情況（註：即富的愈來愈富，窮的愈來愈窮），以及消除「兩極分化」形成的土壤。而大家都清楚知道，「兩極分化」這一現象，在現今許多發展中或已發達的國家，成了愈來愈難予解決的一種導致社會經濟不公平、政治不穩定的可怕現象和棘手問題。

鄭科揚在《人民日報》撰文指出：「消除貧困、改善民生、逐步實現共同富裕，是社會主義的本質要求，是我們黨的重要使命。中國特色社會主義根本不同於資本主義之處就在於，我們的發展是在不斷解放發展生產力的同時，推動生產關係與生產力發展相適應，逐步消滅貧困，消除兩極化，實現全體人民共同富裕。為此，我們堅持以人民為中心的發展思想，努力做

到統籌兼備，堅持全面協調可持續發展，在這一進程中一步一步消除貧困，讓貧困地區一處不落、貧困人口一人不落地同全國人民一道進入小康社會。中國建設的小康是全面小康，是惠及全體人民的小康，所有貧困地區和貧困人口脫貧是全面建成小康社會的基本標誌。　在這樣的小康社會裏，原來的貧困地區有了新的產業、新市場、新需求，反過來就為整個國民經濟優化結構、高質量轉型升級，向全面建成社會主義現代化強國宏偉目標前進，提供了新的有利條件。」[3]

因此，從長遠來看，我認為中國模式將來是有很大機會可以把脫貧（特

別是農村的貧困和振興）的問題徹底解決好的。其次，中國運氣好，正進入一個高科技突飛猛進，數字化經濟上升飛快的時代（註：有人說我們現今，正進入「第四次工業革命」時期）。中國是可以充分利用「第四次工業革命」這一契機：

一、不斷提高和保證農業科技、農村環境的建設能朝着智能化和
　　高質量的方向發展；

二、保證城鄉的融合，能朝着高度穩定和智能化的道路發展；

三、能促使人民的生活，朝着更高質量、建立智能化文明的軌跡
　　發展。

假如中國能夠做到以上這三點，我認為中國已可以確保「返貧」的機會，被局限在可控範圍之內，或完全不出現。換言之，只要中國能把扶貧脫貧，緊密地與振興農村、創新、高科技、新基建的發展有效結合在一起，讓城鄉的年輕人，有更多的機會可以去創新、創業，我們是完全不需要膽心「返貧」這一問題出現的。我相信，中國或中國模式最終的目的，是要把一個「兩頭小、中間大」的「橄欖型社會」（olive-shaped society），逐漸變成為一個，兩頭和中間都差不多大小的「枕頭型社會」（pillow-shaped society）。

2013年11月9日，習近平在中共十八屆三中全會上指出：「城鄉發展不平衡不協調，是我國經濟社會發展存在的突出矛盾，是全面建成小康社會、加快推進社會主義、現代化必須解決的重大問題。改革開放以來，我們農村面貌發生了翻天覆地的變化。但是，城鄉二元結構沒有根本改變，城鄉發展

差距不斷拉大趨勢沒有根本扭轉。根本解決這些問題，必須推進城鄉發展一體化。」（註：包括，一、加快構建新型農業經營體系；二、賦予農民更多財產權利；三、推進城鄉要素平等交換和公共資源均衡配置）。⁽⁴⁾「必須健全體制機制，形成以工促農、以城帶鄉、工農互惠、城鄉一體的新型工農城鄉關係、讓廣大農民平等參與現代化進程、共同分享現代化成果。」⁽⁴⁾要達致這一目標，除了要健全城鄉發展一體化體制機制的改革措施之外，同樣重要的是，必須解決好農村普遍貧窮的問題（特別是一些極端貧窮的問題）。而中國所走的這一條健全城鄉發展一體化、精準扶貧、振興農村的道路；可以說，是中國模式對人類怎樣解決農村擁有眾多貧窮人口的問題；怎樣全面地振興農村，改變農村經濟的落後面貌，提供了一個值得世界上現今許多發展中國家借鏡和試踐行的模式，特別是扶貧模式。

2020年12月14日，習近平在致〈人類減貧經驗國際論壇〉的賀信中指出：「消除貧困是人類共同理想」；並宣稱自「2012年，中國在之前扶貧攻堅的基礎上，全面打響脫貧攻堅戰。經過8年持續努力，今年中國現行標準下農村貧困人口已經全部脫貧。」而中國將會繼續鞏固成果，並願攜手各國推進國際減貧進程。可以說，是中國模式在人類歷史上一大貢獻，並說明全面消除人類貧困是可以做得到的。

參考資料

（1）習近平，《求是》2018年重要講話。《文匯報》，文匯要聞A10。

（2）鄭永年，《大趨勢：中國下一步》，2020年，香港三聯書店，第311，313，314頁。

（3）鄭科揚，〈強擔當 揚優勢 確保脫貧攻堅決戰決勝〉，《人民日報》，2020年6月15日。

（4）習近平，〈關於《中共中央關於全面深化改革若干重大問題的決定》的說明〉，2013年11月9日。（習近平，《論堅持全面深化改革》，中央文獻出版社，2018年，第35頁）。

第12章
中國模式的國家安全觀及新型國際關係觀

在這一章，我想討論一下有關中國正在進一步為中國模式建立、務實的國家安全觀和新型國際關係（註：簡要地可用以下公式來表示，即：〔國家的安全穩定〕＋〔國際關係的安全穩定〕（達致）＝〔全球的安全穩定〕）。但在討論這一問題時，先得從中國對自己的歷史（特別是近代史）以及中國對國際關係的現狀的分析和看法着手說起。

中國模式的成功已有目共睹。但要永遠堅守住這一成功模式，保證其可安全地持續發展，並不容易。就拿香港為例，基本法委員會副主任張勇，在香港《基本法》頒布30周年網上研討會上，針對香港的情況，討論有關〈國家安全立法：現狀與展望〉時，明確指出：「國家安全是國家的頭等大事，也是國家存在和發展的前提條件。維護國家安全，是中央政府的首要責任，也是地方政府的基本義務」[1]。

有關國家安全以及「一國兩制」的關係問題，他說：「中央政府的首要責任主要體現在三個方面：一是確定統一的國家安全標準，在一國範圍內的任何地方，適用同一套國家安全標準；二是防患於未然，對於危害國家安全的行為和活動，防範為先、及時制止、嚴厲懲治；三是動態評估可能出現的國家安全風險，及時採取有效措施加以化解」[1]。

他還強調指出說：「以上有關國家安全的原則要點，古今中外，概莫能外。」[1]

很明顯的，只有不斷築牢和鞏固以上要點，建立好中國國家的安全法律制度，中國模式、一國兩制的安全，才能得到有效保障。但遺憾的是在香港，仍然有一些糊塗的人，不知道和不懂得，一國兩制的安全，是需要建基於中國國家的安全、中國模式的穩定，並需要與時俱進地去不斷完善國家的法律制度的基本原則之上的，這樣的一個簡單道理。

維護國家安全，對中國建立中國模式的重要性

要清楚了解這一個問題，得先讓我們來看一下中國的近代史，這樣我們就知道，維護國家安全，對中國的崛起，建立中國模式的重要性。也就是說，在保衛中國人民的安全；維護中國人民的尊嚴，再不被外國欺負；促進中華民族的復興；務實一國兩制的構建；都是鞏固中國模式不可或缺的內容。

讓我們再來看一下張勇對這一個問題，是怎樣看的？在同一講話中，他說：「近代中國史，就是一部備受欺凌、毫無國家安全的歷史。從1840年中英第一次鴉片戰爭開始，到1945年日本侵華戰爭結束，外國侵略中國的戰爭就沒有停止過。而每一場戰爭的結果，要麼是簽訂不平等條約割地、賠款，要麼是國土淪陷、生靈塗炭。近代中國100年間，被迫簽訂不平等條約超740個，僅八國聯軍侵略中國而被迫簽訂的《辛丑合約》賠款本息幾近十億兩白銀，被割佔的領土約330萬平方公里。一百年間，中國非正常死亡人口近3億人，為民族獨立而犧牲的烈士達2000多萬人。因此，1949年成立中華人民共和國，既是歷史的選擇，更是人民的選擇。對於中國人民來說，民族獨立、國家安全，彌足珍貴，格外珍惜。」[1]（註：佇立在北京天安門廣場的「人民英雄紀念碑」和浮雕，濃縮地說明這一段歷史的經過。這對認識中國模式的建立很有幫

助，值得大家去觀看和體會一下。）

「新中國成立後，依然面臨着嚴峻的國家安全形勢。1949年剛剛建國，西方國家就對新中國進行全面封鎖；1950年美國第七艦隊進入台灣海峽，阻止統一台灣；1950年到1975年，朝鮮戰爭、越南戰爭相繼在我國周邊爆發；1962年我國還與印度爆發了邊境衝突。這一時期維護國家安全主要是通過政治、外交、軍事等手段。」[1]

「1978年改革開放後，維護國家安全進入法治化時代。此後又可以分為兩個階段：第一階段是填補空白，第二階段是系統構建。第一階段從1978年至2014年，國家先後制定了一系列維護國家安全方面的法律，從無到有填補維護國家安全法律的空白，包括：刑法、國家安全法、國防動員法、反分裂國家法、國防法、領海及毗連區法、兵役法、戒嚴法、突發事件應對法、香港特別行政區駐軍法、澳門特別行政區駐軍法等。」[1]

「2014年，經過幾十年的改革開放，中國面臨的國際國內局勢發生了很大變化，國家安全　風險也出現了新情況新問題。為此，國家提出了總體國家安全觀，將國家安全分為傳統安全和非傳統安全。傳統安全包括政治安全（包括政權安全）、國土安全、軍事安全。非傳統安全包括金融安全、生物安全、網絡安全、核安全等方面。」[1]

之後，又制定了一系列維護國家安全的法律；其中有一些已經列入立法規劃，正在制定中。可見中國在制定維護國家安全的法律的重視程度，以及務實中國模式（包括「一國兩制」）的現實需要。而特別是現今，中國正在

崛起，遭到了以美國為首的西方國家的不斷圍堵，要把中國的發展道路全都堵住，把中國模式予以掐死，而美國又經常性地，用美國國內的法律來「長臂管轄」、制裁和干預別的國家的內政。在這樣的情況下，中國在務實和維護國家安全方面一定得把這方面的工作做好，必須小心不要留有任何漏洞，讓外國有機可乘，破壞中國模式的構建和完整性。而近期中國在香港所立的《港區國安法》，就是一個很好的完善和補上「國家安全漏洞」的例子：即做到了有效維護國家主權、國家安全、社會穩定和兩地的發展利益（同時見第2章的有關討論）。

不過，在這裏還必須指出，為香港所立的《港區國安法》，雖然其主要的目的，是如國務院港澳辦副主任鄧中華所説，是「為在香港特區有效地維護國家安全提供制度和機制保障」[2]，而同時「又能切實推進中央對香港全面管治權的落實」[2]。這也就如同清華大學港澳研究中心主任王振民所説，是把「全國人大通過決定和立法，向特區增加《基本法》本身沒有的國家安全授權，並擴大特區的職責與權限範圍」[2]。而「這樣做不但不影響香港的高度自治，反而是得到鞏固」[2]。 同樣，正如基本法委員會委員、港大法律學院教授陳弘毅所認為的：「《港區國安法》可以理解為中央為一國兩制的繼續實施，而提出的新社會契約，為一國兩制下的「一國」原則，以法律方式劃出明確底線，無損港人尊嚴。」[3]「而只是要求香港市民履行一種最低的義務，就是不要逾越『一國』的底線。」[3] 他還強調指出：「《港區國安法》列出罪行，部分來自內地《刑法》，部分來自本港原有法律，亦有一些創新規定，在嘗試結合大陸法和普通法方面起了特別的示範作用。」[3] 這

一點我認為很重要。中央為一國兩制立法，予中國的政法專家，不但提供了一個可以為中國法律的創新，做出貢獻的機會，並且還可以為中國模式的立法（包含實體法、程序法、和組織法）工作，以及法治制度的建立，增添許多新的內容；對推進人文的建設、人類文明的構建，也起到很大的作用及做出重要的貢獻。因此，《港區國安法》的頒布和實施，不但具有重大的現實意義，而且還有深遠的歷史意義，是能成功使兩制彰顯雜交優勢的好例子。

上面已經提過，在維護「一國兩制」和中國模式的安全，除採用法律手段去鞏固自身中國的國家安全之外，同樣重要的是也必須同時參與維護國際的安全和穩定等工作。在現今這一全球化時代，每一個國家都不能只自善其身，照顧自己國家的安全，維護自己國家的利益；而忽略自己國家之外周邊地區的安全，以及全球範圍的安全、發展和利益。因為現今這一個世界（有人稱其為「地球村」）是一個緊密融合在一起的「人類命運共同體」；每一個國家的自身發展，都離不開其他國家，或受其他國家的影響。

進入新時代，人類不但需要共同一齊來構建命運共同體，同時還需要把新型的合作共贏的國際關係建立起來。但可惜的是西方有許多國家，並不是這樣認為，他們仍然喜歡用冷戰的思維方式來看待國際關係，特別是想要用冷戰的方式來打壓中國，維護西方的利益、壟斷政治局面及話語權（而表現得最為強硬的是美國，特別是特朗普總統）。這樣，中國被迫只能與美國為首的西方國家，在建立新型的國際關係、打破舊有的國際關係

方面，不斷開展有利、有節的鬥爭。而中國模式和西方模式在建立新型的國際關係方面，同樣也就不得不被迫開展經常性的相互PK。這一個問題，在下面我會再深入地討論。

中國模式對建立新型國際關係的影響

在討論這一個問題之前，讓我們先來看一下，中國外交部長王毅2020年通過《中國日報》（*China Daily*）新媒體轉發的一段講話（註：王毅在十三屆全國人大三次會議記者會上的答記者問時已講過）。王毅的講話，對這一個問題的看法和態度，特別是對美國的看法，非常重要；因為，現今在國際事務中，美國有着舉足輕重的影響力。在講話中，王毅毫不含糊地針對美國，指出近期他們在戰略思維和策略方面的許多錯誤想法和做法；特別是對中國的看法，是有很多不切實際和誤判的成分。

他說：「中國無意改變美國，更不想取代美國。美國也不可能一廂情願改變中國，更不可能阻擋14億中國人民邁向現代化的歷史進程。今天的中國已不是百年前的中國，今天的世界也不是百年前的世界。我們從來不會主動欺凌別人，但同時，中國人是有原則，有骨氣的。對於蓄意的中傷，我們一定會作出有力回擊，堅決捍衛國家的榮譽和民族尊嚴。那些總想給中國扣上霸權帽子的人，恰恰是自己抱着霸權不放的人。維護國家安全歷來是中央事權，在任何國家都是如此。中國不是救世主，但我們願做及時雨，是在朋友危難時同舟共濟的真誠伙伴。中國所做的事，從來不謀求任何地緣政治目標，從來沒有任何經濟利益的盤算，也從來沒有附加任何政治條件。除了新冠肺炎病毒的肆虐，還有一種政治病毒也正在美國擴散。這種政治病就是利

用一切機會對中國進行攻擊抹黑。歷史應該由事實和真相來書寫，而不應該被謊言誤導污染。這本謊言錄愈長，就愈拉低造謠者的道德水平，愈在歷史上留下更多的污點。他們高估了自己的造謠能力，低估了世人的判斷能力。隔岸觀火最終會殃及自身，落井下石到頭來將信譽掃地。這些針對中國的『濫訴』沒有事實基礎，沒有法律依據，沒有國際先例，是徹頭徹尾的『三無產品』。如果想借濫訴侵犯中國的主權和尊嚴，敲詐中國人民的辛勤勞動成果，恐怕是白日做夢，必將自取其辱。給世衛組織潑髒水的人，只會弄髒他們自己。凡事都應有一個是非判斷，人無是非，難以立信；國無是非，難以立世。」[4] 希望拜登上台後有所改變。

以上王毅在十三屆全國人大三次會議記者會上的答記者問，真是擲地有聲! 他簡要地道出了中國對外關係的嚴正立場； 現今發展新型國際關係所面臨的困難； 以及美國在這方面作過的「孽」。

而2018年12月18日習近平在慶祝改革開放40周年大會上的講話則強調指出，中國正在把自己的事做好，在「前進道路上，我們必須圍繞解決好人民日益增長的美好生活需要和不平衡不充分的發展之間的矛盾這個社會主要矛盾，堅決貫徹創新、協調、綠色、開放、共享的發展理念。」[5]「我們要堅持創新是第一動力、人才是第一資源的理念。實施創新驅動發展戰略，完善國家創新體系，加快關鍵核心技術自主創新，為經濟社會發展打造新引擎。」[5]

而正是因為中國要在科技方面，加快關鍵核心技術自主創新，這就使美國怕得要命，非要把中國創新科技的前進道路，完全封殺；把中國模式的根基完全鏟除。因為美國害怕，如果一旦在創新科技方面，中國超越了美國，

那麼美國的科技霸權地位就會不保，而西方模式也就很快會敗下陣來。這肯定是美國絕對不願意見到的結果。這也就是為什麼，美國要打擊華為，不讓中國的科技人員去美國留學、學習和開展合作研究的原因。中國模式和西方模式在科技發展方面的競爭，方興未艾；而且必定會愈來愈激烈，這樣就把國際關係搞得愈來愈複雜、愈來愈僵、愈來愈亂、愈來愈惡劣。這當然並不是我們中國想見到的；但遺憾的是，把白手套扔向中國的是美國，他們要挑戰中國、打壓中國；而我們則別無選擇，只能奉陪到底。

在同一篇講話中，習近平還強調說，我們「必須高舉和平、發展、合作、共贏的旗幟，恪守維護世界和平、促進共同發展的外交政策宗旨，推動建設相互尊重、公平正義、合作共贏的新型國際關係。」[5] 而這一新型的國際關係，習近平是這樣看的。他說：「我們要尊重各國人民自主選擇發展道路的權利，維護國際公平正義，倡導國際關係民主化，反對把自己的意志強加於人，反對干涉別國內政，反對以強凌弱。我們要發揮負責任大國作用，支持廣大發展中國家發展，積極參與全球治理體系改革和建設，共同為建設持久和平、普遍安全、共同繁榮、開放包容、清潔美麗的世界而奮鬥。我們要支持開放、透明、包容、非歧視性的多邊貿易體制，促進貿易投資自由化便利化，推動經濟全球化朝着更加開放、包容、普惠、平衡、共贏的方向發展。我們要以共建『一帶一路』為重點，同各方一道打造國際合作新平台，為世界共同發展增添新動力。中國決不會以犧牲別國利益為代價來發展自己，也決不放棄自己的正當權益。中國奉行防禦性的國防政策，中國發展不對任何國家構成威脅。中國無論發展到什麼程度都永遠不稱霸。」[5]

從以上習近平的這段話，可以清楚看到，中國模式在構建新型國際關係所遵循的原則，而這些原則與美國所遵循的「美國第一」、「單邊主義」、美國特朗普總統的所謂「經濟民族主義」（economic nationalism）[6] 的自私自利原則，可以説是大相逕庭。從這一點，就可以更清楚地看到，中國模式和西方模式在構建國際關係上，在處理國際關係問題方面的差異是相當大的。

其次，中國在處理國際關係問題上，更不喜歡講空話，而是喜歡做實事。就拿中非關係來説：歷來中非始終都是持着相互理解、相互支持、相互幫助態度。譬如：這次國際合作防控新冠肺炎疫情，習近平在2020年6月17日的中非團結抗疫特別峰會上説，「中非將共同致力於維護全球公共衛生安全，共同打造中非衛生健康共同體，為世界和平貢獻力量」[5]。在會議的主旨講話中，對於中非合作抗疫，習近平還「提出了四點倡議：要堅定不移攜手抗擊疫情；要堅定不移推進中非合作；要堅定不移踐行多邊主義；要堅定不移推進中非友好」[5]。並承諾「新冠疫苗研發完成並投入使用後，願率先惠及非洲國家」[5]。「支持非洲大陸自由貿易區建設，支持非洲加強互聯互通和保障產業鏈供應鏈建設，願同非方一道，共同拓展數字經濟、智慧城市、清潔能源、5G等新業態合作，促進非洲發展振興。」[5] 從習近平的主旨講話，我們可以看到中國是真心實意的在幫非洲，而不像美國，只喜歡把西方模式的脱離非洲實際和空洞的什麼「民主、自由、人權」，宗教信仰、迷信，輸送給非洲國家；其結果是搞得非洲國家愈來愈貧困、愈來愈亂。

再舉一個例子，2020年6月22日習近平在北京以視頻方式會見歐洲理

事會主席米歇爾和歐盟委員會主席馮德萊恩時指出：「中歐作為世界兩大力量、兩大市場、兩大文明、主張什麼、反對什麼、合作什麼、具有世界意義。」[7]「中歐要做推動全球發展繁榮的兩大市場。中歐兩大經濟體應該發揮世界經濟『雙引擎』作用，拉動世界經濟復甦，共同支持科學有序復工復產，加強宏觀經濟政策協調，維護全球產業鏈供應鏈穩定通暢。雙方要保持相互市場開放，加快推進中歐投資協定談判，加強中歐綠色和數字領域合作，構建綠色發展夥伴。雙方要加強對非三方合作。」「中歐要做堅持多邊主義、完善全球治理的兩大文明。無論國際形勢如何變化，中國都將站在多邊主義一邊，堅持共建共享的全球治理觀。」「願同歐方就重大國際和地區問題加強協調合作，加強全球公共衛生治理對話合作，推動構建人類衛生健康共同體。」[7]

　　而對於中國自己來說，習近平2018年12月18日〈在慶祝改革開放四十周年大會上的講話〉深度地指出：中國「自古以來，中華民族就以天下大同、協和萬邦的寬廣胸懷，自信而又大度地開展同域外民族交往和文化交流，曾經譜寫了萬里駝鈴萬里波的浩浩絲路長歌，也曾經創造了萬國衣冠會長安的盛唐氣象。正是這種『天行健，君子以自強不息』、『地勢坤，君子以厚德載物』的變革和開放精神，使中華文明成為人類歷史上唯一一個綿延五千多年至今未曾中斷的燦爛文明。以數千年大歷史視之，變革和開放總體上是中國的歷史常態。中華民族以改革開放的姿態繼續走向未來，有着深遠的歷史淵源、深厚的文化根基。」[5]

　　習近平2020年6月22日在北京以視頻方式會見歐洲理事會主席米歇爾和

歐盟委員會主席馮德萊恩時還進一步強調：「中國要和平不要霸權。我們一切政策和工作的出發點就是讓中國人民過上幸福生活。我們將沿着和平發展道路堅定不移走下去。中國是機遇不是威脅。中國將繼續深化改革、擴大開放，這將為歐洲提供新一輪合作機遇和發展空間。中國是夥伴不是對手。中歐沒有根本利益衝突，合作遠大於競爭，共識遠大於分歧。雙方要相互尊重、求同存異、和而不同，不斷增進彼此理解和信任，在合作中擴大共同利益，在發展中破解難題，打造更具世界影響力的中歐全面戰略夥伴關係。」(7)

現今中國正朝着數字化及「第四次工業革命」時代邁進，中國模式的未來發展只會愈來愈好、愈來愈強。而這種力量趨勢，再加上中國重視國家安全、國與國之間的和睦安全、民族團結、尊重知識、好學不倦、包容開放，「吸收人類文明有益成果，構建系統完備、科學規範、運行有效的制度體系」（註：習近平，在中國共產黨十九次全國代表大會上的報告），中國模式的優越性不但可以充分得到發揮，而且可以行穩致遠，最終超越西方模式。這讓人類在建立人類命運演進的理想模式之時，除西方模式之外，還可選擇借鑒和遵循中國模式。

但國際關係是多變的，經常在調整。習近平在中央全面深化改革委員會第十四次會議的講話時強調指出，中國「必須發揮好改革的突破和先導作用，依靠改革應對變局、開拓新局，堅持目標引領和問題導向，既善於積勢蓄勢謀勢，又善於識變求變應變，緊緊扭住關鍵，積極鼓勵探索，突出改革實效，推動改革更好服務經濟社會發展大局。」(8) 2020年7月3日《央視快評》指出：如要「『善於識變求變應變』，這要求我們面對錯綜複雜的國內

外形勢，要以變應變、以變求變，時刻把握工作主動權主導權。當今世界正經歷百年未有之大變局，為中國新一輪改革設置了新的命題。『在危機中育新機、於變局中開新局』『善於識變求變應變』『善於積勢蓄勢謀勢』」[8]，這就要求我們，必須立足大局、把握大勢，穩妥地發展優勢，為中國模式的建立，增加更多的動力和活力。而對香港來說，我殷切希望，香港在未來的變局中，能扮演一個更為主動、積極，善於識變求變應變，能實實在在協助和促進中國模式戰勝西方模式的角色。而要做到這一點，首先就必須要補齊「國民教育」和「國家認同」的短板；大膽推動 （motivate and drive） 港人，全方位地解放思想上的束縛、克服認知上的誤判、行動上的膽怯；才能把香港這一東西文明交匯之地重新建構和優化，使其能實事就是地為中國模式以及「人類命運共同體」的建立、運作和完善；為維護世界的長期和平；為人類生活在這地球上的安康幸福，作出更多更多的貢獻。

當然，如要香港在新冠肺炎疫情過後，能作出更多的貢獻，主觀上，首要的是要看香港自己能否做到「在危機中育新機、於變局中開新局」，「善於識變求變應變」，「善於積勢蓄勢謀勢」；其次是，客觀上，要看疫情過後國際關係會怎樣的變，特別是中美關係的變化，即是會朝着和平合作的方向發展，還是朝着新冷戰的方向發展。而這發展，會朝哪個方向走，主要取決於美國對中國會採取什麼戰略意圖、策略；以及根據美國新總統的政策，疫情會否再爆發等因素和變化而定。而這變化的幅度、衝擊力會多大，是否具結構性的；暫時還難預測，讓我們拭目而待，靜觀其變吧。

在這裏順便說一說有關香港的教育與國家安全及國際關係問題。

從「修例風波」，我們可以看到，香港長期以來，由於內外反中亂港的政治勢力的洗腦和煽動，促使不少香港的學生走上人生歧途。所以大家都在問，是否香港的教育出了問題？

2020年7月11日，在香港教育高峰論壇上，香港中聯辦副主任譚鐵牛在題為「香港國安法與《國歌條例》在學校教學中的落實」的演講中指出，他認為是時候，應對香港的學生作有系統、多措並舉地開展國安教育，因為通過國安教育可以「進一步增強學生的法治意識與國家意識」「幫助學生明辨是非」「讓青年學生進一步認識到香港與國家休戚與共、密不可分，沒有國家安全，就沒有香港的安定，就沒有市民的安寧，當然也沒有學校校園的安靜。」(9)

在同一論壇上，香港行政長官林鄭月娥說，她認為「香港年輕一代出現的問題，可能主要不是香港教育的問題，而是教育被『政治化』的問題。換句話

説，政治問題不解決，更好的教育措施、更多的教育資源，也難以扭轉局面。」

「教育的政治問題和香港社會整體的政治問題，是分不開的，歸根究底就是一國兩制的建設問題，就是我們有沒有準確理解和貫徹落實一個國家，兩種制度、港人治港、高度自治、來確保香港的長期繁榮穩定的問題。從2012年『國民教育』到2014年『違法佔中』，再到去年『修例風波』，我們應該清楚看到有反中央、反政府的勢力通過不同途徑滲透校園；社會上，媒體對國家的負面報道，對歷史的錯誤表述，對政府和執法機構的肆意抹黑，都反映在教材、課堂教學、考試題目、學生的課外活動等等。」[9]

以上這些問題，我希望林鄭月娥能夠盡快採取有效措施，扭轉局面。但我也必須指出，香港的教育除被不良的政治污染之外；香港教育本身的發展，現今也已不夠理想、落後於其他國家及不接地氣；需要政府立刻採取有效措施，予以解決。這包括以下幾個方面的問題，譬如香港的學生：（一）缺乏遠大的理想和中華民族的文明觀——香港的教育歷來不注重中國文明在國際關係上的影響力以及中國在構建國際新秩序和人類命運共同體方面的教學；（二）缺乏創新理念和思想——香港的教育沒有足夠強調創新理念在教育領域方方面面的重要性和引領作用；（三）缺乏時代感——香港的教育設計，沒有讓學生能充分掌握數字化時代所需的基本精神和認知的動力；（四）缺乏世界級的研究中心——香港在研究方面缺少引領性的研究課題和世界級的研究中心，更缺乏世界級的研究方面的領軍人才。

以上這些對培養具有國際視野、能引領科技發展、懂得怎樣去處理國際關係的人才，以及維持香港國際城市的地位，推動國際關係的進程都是非

常重要的問題。假如香港政府在這些方面不重視、不作努力去解決，香港作為一個國際化的城市，就很快會在全球化創新科技迅猛發展的時代，被邊緣化。所以政府必須在解決香港教育過度政治化問題的同時，把香港教育本身存在的問題盡快予以解決。解決好香港教育問題對「中國模式」的建立將有很大的好處。

參考資料

（1）張勇，〈國家安全立法：現狀與展望〉，在《香港基本法》頒布30周年網上研討會上的講話，《文匯報》，2020年6月9日，A13。

（2）鄧中華，〈人大可續為港制定國安法律〉，〈堅持和完善「一國兩制」制度體系——紀念《香港基本法》頒布30周年國際研討會，《星島日報》，2020年7月5日。（王振民，在同一研討會上的講話）。

（3）陳弘毅指《國安法》可視為新社會契約。2020年7月4日在出席港台節目《香港家書》上的發言，《星島日報》，2020年7月5日。

（4）王毅，2020年5月25日，在十三屆全國人大三次會議舉行的視頻記者會上的答問。之後，在《中國日報》新媒體上，再予以轉播。

（5）習近平，〈在慶祝改革開放四十周年大會上的講話〉，2018年12月18日，《論堅持全面深化改革》，第518-520頁，中央文獻出版社，2018年。

（6）Fukuyama F, *Identity*，Preface，Page X，2019，Picador。

（7）習近平，〈在北京以視頻方式會見歐洲理事會主席米歇爾和歐盟委員會主席馮德萊恩的講話〉，2020年6月22日，《文匯報》，2020年6月23日。

（8）央視快評：〈把握大勢以變應變〉，《文匯報》2020年7月4日。

（9）香港教育高峰論壇，2020年7月11日，《文匯報》2020年7月12日，文匯要聞：A2，A8。

第13章
以美國為代表的西方模式的政治領導權隕落？

在前面幾章我提過，西方模式不會很快就完全衰退沒落，在很長的一段時間內，中國模式也不可能有什麼辦法去替代西方模式。因為西方模式中的資本主義部分、選舉政治部分，崇尚個人主義和自由主義，以及基本上不太信任政府（註：因為他們認為政府有了權，就一定會弄權和腐敗）的文化（註：這與我們中國人重視：社會需要有秩序、和諧，信任政府基本是善良的這種文化，很不一樣），都具有一定的韌性，需要非常巨大的內外改革力量的推動，才能撼動到他們的根基。除了這些具韌性的力量之外，以美國為代表，極力在維護西方模式的「軍事政治」也是一股非常強大的力量，還在那裏支撐和推動着西方模式不斷擴張。相信在很長的一段時間內，無任何力量可以威脅和撼動到美國強大的軍事力量。而美國也會繼續利用他強大的軍事力量來震懾其他的國家，維持其霸權地位。我們只要回顧一下歷史，就可以看到，美國怎樣利用他強大的軍事力量，來干預其他國家的外交和內政。美國在這方面的「業績」──正確地説是劣績，真的是惡貫滿盈，罄竹難書；美軍所到之處，血跡斑斑，使多少國家無緣無故地陷入災難，多少無辜的人民遭到殺戮！對中國來説，眾所周知，美國在中國的周邊，長期佈防了一個有400多個軍事基地的導彈、戰艦、轟炸機的包圍圈。中國的脖頸就像被一條繩索，牢牢地套住。（註：有關資料，可以參考 John Pilger 的電視紀錄片 *The Coming War on China*）。

《美帝國的崩潰》一書 [1] 的作者，約翰•加爾通指出：「過去111年，即1890-2001年，美國所採取的133項軍事干預行動，從達科他州的傷膝河大

屠殺到阿富汗戰爭，歷經兩次世界大戰、朝鮮戰爭、越南戰爭、海灣戰爭和南斯拉夫戰爭。」「第二次世界大戰後、平均每年軍事干預發生的次數，從之前的1.15上升到1.29，而在冷戰結束後的1989年年底，這一數字曾一度飆升到2.0」。[1] 從以上的數字，可以看到美國為了捍衛所謂西方模式，出現的驚人軍事行動的密度，是多麼可怕。

《美帝國的崩潰》一書的譯者，在序言中指出：「冷戰結束後，美國迎來了有史以來最富活力的經濟擴張期之一。美國學者查爾斯•克勞特哈默聲稱：『海灣戰爭標誌着美國治下和平的建立。』美國前國家安全事務助理布熱津斯基在《大棋局》一書中指出，美國『在軍事、經濟、技術、文化等四個具有決定性作用的方面居於首屈一指的地位』，是有史以來『唯一的全面的全球性超級大國』。美國著名的《外交》雜誌更以《新的羅馬帝國》為題，宣稱美國正在回歸『古羅馬帝國』。」[1]《美帝國的崩潰》一書的譯者還扼要地指出，約翰•加爾通在《美帝國的崩潰》一書中大膽預測認為：「美帝國的日子屈指可數，美帝國主義在走下坡路，對其言聽計從的國家變得比從前少了，競爭變得更加激烈。作者旁徵博引地闡釋帝國現在衰退、沒落的原因、過程、方式後，鄭重向世界宣布：美帝國將於2020年崩潰。」[1]

但在2020年，「美帝國將於2020年崩潰」的情況並沒有成為事實。特朗普所實行的美國民粹主義的「美國第一」、「單邊主義」、「欺凌主義」、「霸權主義」以及他無法有效在美國控制新冠肺炎的肆虐，無法解決美國黑人「身份政治」、「種族歧視」、「黑人民權」的爆發等問題，只指向美帝國的不穩定性，以及促成了特朗普連任的失敗。而在特朗普的四年任期內，最為突出的，

就是美國在世界範圍內或國際的「政治領導權」（world leadership role）明顯地開始出現隕落現象；美國的聲譽、形象在各方面，都在急遽下降。美國著名的政論家，福山在他最近的一本著作 *Identity* [2] 中說：「在特朗普被選為總統之前，我已經指出，美國的機構（American institutions）已腐敗了，因為他們已被利益團體（powerful interest groups）固化成一個非常僵硬的制度體系（rigid structure），而這一體系已無法自我改革（reform itself）。」「而特朗普就是這一僵硬制度體系的產物和積極的貢獻者。」 [2]

美國許多有份量和開明的政論家，早已在特朗普上台之前，便不斷的在挑戰和批評美國的制度體系的有效性和合理性。而特朗普的喜歡胡言亂語，更遭到美國有理性、有睿智的知識份子的鄙視。

現在讓我們來看看美國的現狀。鐘聲在《人民日報》發表的一篇題為：〈「對抗游戲」損人害己〉的文章中指出，美國「面對不斷積聚的國內治理赤字，來自美國社會各界的反思，正日益深入。在國內治理方面，美國對資本擴張無度、種族矛盾、社會分化、政治極化等深層次問題，始終束手無策。美國《大西洋月刊》近日刊文指出要害：『當病毒來到美國時，發現了一個存在嚴重基礎病的國家、並無情地利用了這些問題。一些慢性疾病——腐敗的政治階層、僵化的官僚機構，無情的經濟、分裂和心煩意亂的公眾——多年來都沒有得到治療。』如今，美國一些政客一門心思搞民粹主義、單邊主義、保護主義、荒謬地以為這就是應對社會焦慮的解藥。這顯然是用錯了藥方，帶來的只能是國內治理困境的雪上加霜。」 [3] 「在充滿不穩定性不確定性的世界中，真正決定各國國際競爭力的，不是一個國家在國際體系中擠壓

他國甚至破壞整個國際體系的能力，而是其提升國內治理水平、解決自身問題的能力。」⁽³⁾

以上鐘聲的評論，主要是針對特朗普政府的政策。現今，新總統拜登上了台，他在政策上將會怎樣作出調整，我們拭目以待。

另一方面，讓我們看一下現階段中國對世界各國的政策和態度又是怎樣的。王毅2020年11月7日在出席清華大學公共管理學院全球學術顧問委員會會議時表示：「中國踐行多邊主義」，堅持「維護以聯合國為核心的國際體系，維護以國際法為基礎的國際秩序，維護聯合國在國際事務中的核心作用。我們將積極參與建設更包容的全球治理、更有效的多邊機制，滿足應對全球性挑戰的現實需要。」⁽⁴⁾

習近平2017年12月1日在一篇題為〈把世界各國人民對美好生活的嚮往變成現實〉的演講中指出：「中國將高舉和平、發展、合作、共贏的旗幟，始終不渝走和平發展道路，積極推進全球夥伴關係建設，主動參與國際熱點難點問題的政治解決進程。目前，中國累計派出3.6萬餘人次維和人員，成為聯合國維和行動的主要出兵國和出資國。此時此刻，2500多名中國官兵正在8個維和任務區不畏艱苦和危險，維護着當地和平安寧。中國將積極參與全球治理體系改革和建設，推動國際政治經濟秩序朝着更加公正合理的方向發展。中國無論發展到什麼程度，都永遠不稱霸，永遠不搞擴張。」⁽⁵⁾ 在另一個題為〈開放合作，命運與共〉的講話中，習近平說：「中華文明歷來主張天下大同、協和萬邦。希望大家共同努力，不斷為推動建設開放型世界經濟、構建人類命運共同體作出貢獻。」⁽⁵⁾

從以上的講話，我們可以看到，中國所打造的中國模式與西方模式的那種崇尚用軍事武力、強權政治來解決全球性的問題的思路和辦法，是完全不一樣的。假如美國再繼續朝着「武力霸權」、「政治霸權」的道路走下去，那麼在疫情過後，國際急切需要盡快建立的「新國際秩序」或「新社會契約」，世界和平的有效維護；急切需要解決的世界性饑荒問題等，都會難以實現。而這對美國自身的政治體制的改革，當然也就無法開展和實現。假如美國的體制，再不進行自我改革和調整，那麼美國的政治領導權，肯定就會愈來愈弱化。而西方模式的政治中心地位，也將會不保。一個創新包容開放型，我命名為「政治開放命運共同體」的世界及和睦的國際大家庭，「把世界各國人民對美好生活的嚮往變成現實」(5) 的世界也將會非常難出現。

在上海合作組織成員國元首理事會第十八次，題為〈弘揚「上海精神」構建命運共同體〉的講話中，習近平說：

「『孔子登東山而小魯，登泰山而小天下』。面對世界大發展大變革大調整的新形勢，為更好推進人類文明進步事業，我們必須登高望遠，正確認識和把握世界大勢和時代潮流。

儘管當今世界霸權主義和強權政治依然存在，但推動國際秩序朝着更加公平合理方向發展的呼聲不容忽視，國際關係民主化已成為不可阻擋的時代潮流。

儘管各種傳統和非傳統安全威脅不斷湧現，但捍衛和平的力量終將戰勝破壞和平的勢力，安全穩定是人心所向。

　　儘管單邊主義、貿易保護主義、逆全球化思潮不斷有新的表現，但『地球村』的世界決定了各國日益利益交融，命運與共，合作共贏是大勢所趨。

　　儘管文明衝突、文明優越等論調不時沉渣泛起，但文明多樣性是人類進步的不竭動力，不同文明交流互鑒是各國人民共同願望。」（5）

　　讓我在這裏再多增加一句。

　　儘管現今西方模式仍在強勢發展中，但我相信這一模式將會走進強弩之末的階段；而中國模式則正在其發展的上升期、青春期。期間兩者之間的博弈，我相信將會持續一段很長的時間。我唯一希望在這期間，兩者不要迸出任何戰爭的火花；而是要盡一切所能，「建設一個遠離恐懼、普遍安全的世界」（5），「讓和平的陽光普照大地，讓人人享有安寧祥和」（5）。

　　早前離世的哈佛大學榮休教授傅高義，2020年7月20日在接受《環球時報》的環球網訪問時強調：「美中軍事衝突必須避免，因為後果太嚴重。」他認為「特朗普總統政府，是一個非常混亂的政府。」「美中兩國的歷史任務是塑造一個國際新秩序，這也是兩國共同的責任。」「美國獨大的『單極』時代正在結束，美國不可能像以前那樣，擁有巨大的影響力並領導全球所有事務。」「中國經濟可能會持續增長，並在未來超過美國的規模。」「美國現在的確存在嚴重的問題，但美國有改革與改善的能力。」「美國仍然是一個有能力不斷自我糾偏的國家。」（6）

　　我認為，傅高義對現今中美關係的看法頗到位和中肯。但美國仍然是否一個有能力不斷可以自我糾偏的國家，我持保留態度。因為我不相信，美國

強大的資本力量、軍火商、基督教+保守主義力量、黨派之間不斷升級的激烈鬥爭；民主質量愈來愈退化、選舉道德愈來愈敗壞；這些影響美國各方面發展的多種極其複雜的因素，能輕易的讓美國自我糾偏，或作任何體制上的大改革；就能讓美國這樣容易地走出長時間形成的充滿傲慢與偏見、極端個人主義、利己主義、唯我獨尊、「我就是真理」的制度及選舉怪圈的困境！

現今拜登代替了特朗普成為美國總統，只是換湯不換藥。美國要「剷除」中國政權的心，我相信不會因為換了總統而改變。在後疫情時代，中國與美國之間的博弈會否進一步加劇，抑或緩和起來，很難預測。但有一點是可以肯定的，那就是中美之間的博弈，將會是長期的，時好時壞的「持久戰」。自第二次世界大戰以來，美國所建立的「領導全球」的地位，拜登不會放棄。他一再強調說：「美國回來了」（America is back），說明美國絕不會在領導世界方面作出讓步。美國的霸權不容挑戰，相信會是拜登執政掌權後的基本戰略定位。

後疫情時代中國與美國的博弈會否加劇？

踏入2021年，中國基本上已把新冠肺炎疫情完全控制住了，並恢復了經濟的正常運作。而美國新總統雖然已上了台，但拜登與他的班子不可能馬上就全面有效地控制住疫情的蔓延。美國新冠肺炎病患者的死亡人數，直至1月，還不斷的在攀升，現今可能要超過四十多萬人死亡。而美國的經濟，也因疫情的關係無法在拜登的「新政」之下，立刻得到有效提升，復蘇的速度相信也會比較緩慢。

在政治外交方面，現今美國雖然換了民主黨的拜登為總統，但由於過

制中國的崛起、打壓中國在科技方面的發展、維護美國的霸權地位早已是美國民主和共和兩黨的「共識」；所以拜登肯定不會在這方面從戰略上對中國作出任何讓步，而只會採用不同的策略和手法來繼續圍堵中國，譬如：特別會在「意識形態」、「人權」、「民主」、「自由」方面大做文章，挑釁中國；會利用美國的傳統盟友，共同向中國施壓；用「新冷戰」的思維打壓中國，從而控制其在國際舞台上的「領導地位」。在奧巴馬時代，民主黨喜歡用三種方式來制衡中國，即合作、競爭、抗爭。相信拜登基本上仍然會蕭規曹隨。因此，姑勿論拜登會採用怎樣的方式來對付中國，重要的是，中國必須盡一切努力，盡快在「合作、競爭、抗爭」這三方面，把自己的「話語權」建立起來。並且還應有系統和有計劃地向西方國家的人民宣傳好「中國模式」，包括在「理性層面」、「人文層面」、「心理層面」，通過學術、輿論等手段，與美國搶佔話語權高地；利用中國的文化、創新、科技、教育等的軟硬實力來拼勁。並且還需高舉「文明融合」、「文明沒有優劣之分，只有特色之別」、構建「人類命運共同體」的旗幟；反對「文明衝突論」、「美國第一」等「民粹主義」。在對付美國方面，不要讓美國隨意地把什麼「中國崩潰論」、「中國威脅論」的帽子硬套在中國頭上。而是要及時作出有效的反駁，並且還要想方設法，讓西方國家的人民多認識中國、了解中國。讓他們清楚知道，中國對外開放的決心，是中國作為一個大國，願意與世界所有的國家，共同來促進建設未來的開放型全球經濟。中國更希望能與各國合作抗擊疫情、推動世界經濟的快速復蘇、共同來構建人類命運共同體，達致世界的長期和平和安定。

中國面對美國的挑戰所做的準備

2020年11月10日，習近平以視頻方式出席上海合作成員國元首理事會第20次會議，他在題為〈弘揚「上海精神」深化團結協作，構建更加堅密的命運共同體〉的講話中呼籲各國應「攜手構建衛生健康共同體、安全共同體、發展共同體、人文共同體、為推動構建人類命運共同體作出更多實踐探索。」[7] 對中國來說，這一工作在拜登時代，尤為重要和具緊迫性。因為，拜登對華的戰略目標，相信特別是要在意識形態方面遏制中國，把中國看成為「主要競爭對手」，以求戰勝中國。不過，有可能拜登會在處理具體問題方面，比特朗普較為圓滑和軟性；表面上不會像特朗普那麼傲慢和蠻橫，但骨子裏要遏制中國崛起的決心，要在台海、南海生事，搞亞太再平衡則不會改變（甚至挑起戰爭也有可能）。所以，中國必須繼續做好兵來將擋、水來土掩的各種準備工作。

習近平在〈關於《中共中央關於制定國民經濟和社會發展第十四個五年規劃和2035年遠景目標的建議》的說明〉中指出：「我國發展仍然處於重要戰略機遇期，但面臨的國內外環境正在發生深刻變化。我國有獨特的政治優勢、制度優勢、發展優勢和機遇優勢，經濟社會發展依然有諸多有利條件」。「同時，考慮到未來一個時期外部環境中不穩定不確定因素較多，存在不少可能衝擊國內經濟發展的風險隱患，新冠肺炎疫情全球大流行影響深遠。世界經濟可能持續低迷，中國長期規劃目標要更加注重經濟結構優化，引導各方面把工作重點放在提高發展質量和效益上。」[8] 習近平還強調說：他們根據「認真研究和測算，認為從經濟發展能力和條件看，我國經濟有希望、有

潛力保持長期平穩發展，到『十四五』末達到現行的高收入國家標準、到2035年實現經濟總量或人均收入翻一番，是完全有可能的。」⁽⁸⁾屆時，中國的關鍵核心技術將實現重大突破，進入新型國家前列。而特別值得注意的是《建議》⁽⁹⁾還明確指出，要加快發展現代產業體系，推動經濟體系優化升級，「堅持把發展經濟着力點放在實體經濟上，堅定不移建設製造強國、質量強國、網絡強國、數字中國，推進產業基礎高級化、產業鏈現代化、提高經濟質量效益和核心競爭力。」⁽⁹⁾而且還要堅持把創新放在「我國現代化建設全局中的核心地位，把科技自立自強作為國家發展的戰略支撐，面向世界科技前沿、面向經濟主戰場、面向國家重大需求、面向人民生命健康，深入實施科技興國戰略、人才強國戰略、創新驅動發展戰略，完善國家創新體系，加快建設科技強國。」⁽⁹⁾預計，屆時中國一定能在許多方面超過美國，成為世界最大經濟體，進一步彰顯「中國模式」的力量和底氣。

而美國則因為特朗普種下了許多禍根（註：譬如，特朗普喜歡蔑視規則、我行我素、孤立美國，鼓吹暴力和仇恨（特別是播下了無數仇中的種子），搞各種愚昧、固執、猖狂和不可一世的政治操弄〔有人稱之為「特朗普主義」（Trumpism）〕），導致美國的社會愈來愈分化，社會力量呈現出許多難以調和的對立和矛盾（註：從這次拜登和特朗普在競選總統時，所得到的支持者的選票數非常接近〔拜登得8000多萬票，而特朗普也有7400多萬票〕，就可以看到美國社會分裂的程度）。不過，造成美國社會如此分裂的主要原因，並不能全歸咎特朗普，而是要怪美國體制本身；特朗普只起到了催化劑的作用而已。譬如：（一）美國的政治體制，

標榜政黨「選舉民主」制。因此，現今美國的政黨及政治人物，只注重怎樣去獲取選票、維護政黨利益、保障少數人和政黨背後的「金主」及財團的利益，而對資本的壟斷性和強取豪奪行為則無動於衷。而政客們為了要得到金錢方面的資助（註：選舉是需要花費大量金錢的）就很容易及樂意與「金主」們同流合污、沆瀣一氣，為他們服務。其結果是美式的民主制度，不但無法對資本力量作出有效的控制，反而被資本力量挦制，左右着政客們的政治立場；（二）好些美國市民由於長期受美國獨特的歷史文化以及宗教思想的桎梏，在思維方面只知道去稱頌和嚮往自私自利的個人主義和個人自由，而把人類社會應有的正義、平等、善良和公義的價值觀和道德觀，置之不理或加以拋棄（註：這次面對新冠肺炎，有這麼多美國人反對戴口罩，就很說明問題）；（三）美式的「民主制度」存有太多缺陷（註：從2020年的美國總統大選的特朗普不肯認輸，搞訴訟反對承認選舉結果（在許多其他國家，像這種情況的出現，還會引發暴動和內戰呢!）就可以看得一清二楚），而這些缺陷，不但是結構性的（註：譬如「三權分立」；總統是「間選」而不是「直選」出來的），而且還是深層次的（註：譬如聯邦政府和地方政府之間的矛盾；白人與黑人之間的矛盾；精英階層與普羅大眾之間的矛盾[10]），不易改變和補救；（四）現今的美國社會，已進入多層面的嚴重撕裂狀態，如貧富之間、種族之間、精英之間；把國民經濟不斷往「民粹主義」方向推進[10]。其結果是，使發展的道路愈走愈窄，把民生愈搞愈差，導致美國的制度現今已難以負荷來自各方面的壓力，而只會朝敗壞的方向緩慢地走衰。拜登上台之後，能否扭轉這一頹勢，解脫這沉重的「民主」包袱，重拾美國的「榮耀」，還要看他的能力，以及看他是否願意去彌補「民主制度」本身存

在的許多缺陷。同時，也要看他能否或願意搞好中美關係，採取睦鄰友好、相互尊重、互不干涉內政、互惠互利、共同合作、相向而行的政策；是否願意拋棄冷戰思維，以對話積極彌合分歧，以談判逐步化解中美之間的爭端，為世界和平與全球的發展和穩定作出共同努力。

不過，從這次美國選舉總統所呈現出來的，西方「選舉民主」的許多醜態（註：譬如候選人之間的相互詆毀、謾罵、流氓式的人生攻擊等，這些中國人是完全無法接受的）和混亂現象（註：譬如總統交接程序上的混亂），以及美國政府在控制新冠肺炎疫情方面的失敗，就可以清楚看到，以美國為代表的西方民主體制，運行至今（美國1776年立國至今，已有240多年的歷史），不但暴露了民主體制（democratic system）的許多結構性弱點（structural weakness），同時還顯現了這一體制賴以存活的基本理論和理念，出了很大的問題（problematic），並在許多基本的假設方面出現謬誤（wrong assumptions）。譬如：「民主」要求一個國家，如要成功地實行「民主制度」，那麼這一個國家：（一）必須要有完好的法治體系，而不是只能維護少數資本家的利益的法治；（二）要有高素質和理性的公民，而不是「無知」的公民；（三）不同的族裔之間，要有基本的尊重和信任；（四）政治人物必須要有專業水準（而不是玩票式的）、有治理國家的經驗、有承擔精神、有高尚的道德情操和標準；（五）制度本身必須要有支撐「良治」（good governance）的能力。而事實證明，這些實行民主所要求的要素，美國式的民主制度並不具備。這就難以令人對美國式的民主制度的運作放心和有信心。雖然以福山為代表的美國政治精英，仍然堅持美式的民主制度是世界上最好的制度[11]。（註：事實上，現今世界上只

有很少的幾個人口較少的小國，如：瑞士、荷蘭、新西蘭等能做到。許多國家因為無法滿足走「西方民主」道路的條件（或因實行民主的門檻太高），大多都以失敗告終）。奇怪的是，美國的政治精英以及美國的政客，為什麼仍然相信和自詡美國擁有世界上最美好的政治體制？把美國的制度，説成是「最理想的民主模式」或「最理想的西方政治模式」的代表，並且還要逼中國去接受和採用！理由很簡單，因為在他們的心目中（註：不知是否因為根深蒂固的傲慢與偏見，抑或認知方面存有盲點的原因），仍然無法放棄他們對中國政治體制的錯誤認識；以及不肯去認真了解中國翻天覆地的改革和變化，不懂得怎樣去分析中國這樣一個複雜的國家的治理經驗（註：福山直至2020年，仍然形容「中國模式」為 'dictatorial Chinese model'）[11]。事實上，現今中國的「協商民主」模式，或「中國模式」要比美國的「選舉民主」模式，或所謂「西方模式」在滿足人民的生活幸福方面，在防止社會的撕裂，要有效和優越得多。而更為重要的是，實踐證明中國模式或中國的體制，不但可以成功地在中國這樣一個擁有14多億人口的大國順利運作，並且還可以有力地支持中國社會經濟的可持續發展，以及為世界的和平和穩定作出貢獻。老實説，中國的政治架構假如不穩定，世界是無法太平的！其次，正如習近平所説：「中國的發展離不開世界，世界的繁榮也需要中國」[7]。故此，我希望西方的政治精英及人民能夠理解，中國模式是唯一能夠保證中國的政治架構穩定的法寶。假如中國採用西方模式，那麼西方模式由於擁有太多的缺陷和錯誤的假設，能給中國人民帶來的只會是長期的動亂和苦難。而這對世界要太平，人類要和平相處，會有好處嗎？

小結

2020年11月4日，習近平在上海第三屆中國國際進口博覽會開幕式的主旨演講中，指出：「疫情使世界經濟不穩定不確定因素增多。從歷史上看，不管遇到什麼風險、什麼災難、什麼逆流，人類社會總是要前進的，而且一定能夠繼續前進。各國走向開放、走向合作的大勢沒有改變。我們要攜起手來，共同應對風險挑戰，共同加強合作溝通，共同擴大對外開放。要致力於推進合作共贏的共同開放，信任而不是猜忌，攜手而不是揮拳，協商而不是謾罵。要致力於推進合作共擔的共同開放，大國要率先示範，主要經濟體要以身作則，發展中國家要積極作為。要致力推進合作共治的共同開放，不應該任由單邊主義、保護主義破壞國際秩序和國際規則，而要以建設性姿態改革全球經濟治理體系，推動建設開放型世界經濟。」(12) 2020 年11月19日，在亞太經合組織工商領導人對話會上，習近平指出：「中國早已同世界經濟和國際體系深度融合。」中國正在努力打造的新發展格局「中國市場潛力將充分激發，為世界各國創造更多需求。」「在新發展格局下，中國開放的大門將進一步敞開，同世界各國共享發展機遇。」「中國的對外合作將不斷深化，同世界各國實現互利共贏。」(13)

但是，美國總統拜登上台之後，能否理解中國的新發展格局，會否放棄強硬的對華圍堵政策、保護主義政策、抹黑中國的政策，回歸「理性」與中國相向而行，相互尊重、秉持不衝突不對抗原則、管控分歧、共同合作、聚焦共贏，打造一個和平開放的世界，我相信機會應該是有的。但關鍵是我們首先必須得把中國的事辦好，構建好以國內大循環為主體、國內國際雙循

環相互促進的新發展格局，努力把中國模式建立起來，通過實力的展現，把中國的故事講好。並以開放包容的態度，與所有國家攜手共進，一起創造人類更美好的明天。歷史經驗告訴我們，中國只有自強不息，才能贏得其他國家的尊重和認同。其次，西方國家也不應把他們的價值觀，硬推銷給中國；因為中國是不會把中國模式硬推銷給西方國家的。中國希望做到的是與所有國家共同把全球的經濟治理體系改革好，與各國共同走包容文明、團結協作、互利共贏、共同發展、共同繁榮、發展成果由各國人民共同分享的道路。

2020年11月12日習近平在第三屆巴黎和平論壇上致辭時指出：中國「秉持正義，維護和平」。「堅持和平共處，尊重各國發展權利，尊重各國自主選擇的發展道路和模式，堅持多邊主義，反對單邊主義、霸權主義、強權政治，反對各種形式的恐佈主義和極端暴力行徑，維護世界公平正義和和平安全。中國奉行獨立自主的和平外交政策，始終不渝走和平發展道路。中方呼籲各國維護國際關係基本準則，根據事情的是非曲直決定自己的立場，摒棄意識形態偏見和對立。」[14] 在致辭中，習近平強調：「大道之行，天下為公。和平與發展是時代主題，也是不可抗拒的歷史潮流。面對人類面臨的挑戰，世界各國應該加強團結而不是製造隔閡、推進合作而不是挑起衝突，攜手共建人類命運共同體，造福世界各國人民。」[14]

假如把「團結而不是製造隔閡、推進合作而不是挑起衝突，攜手共建人類命運共同體，造福世界各國人民」[14]；繼續推動「世界實現強勁、可持續、平衡、包容發展」[15] 作為目標的話；實事求是的說，我深信現今中國正

在不斷完善的中國模式，要比西方模式更容易達到這些目標。假如把以上目標都看作為任務的話，那麼我仍然認為，中國模式要比西方模式更能夠完成這些任務。

參考資料

（1） 約翰・加爾通著，《美帝國的崩潰》，阮岳湘譯，人民出版社，第29頁。

（2） Francis Fukuyama，*Identity*，Picador，2018，Preface。

（3） 鐘聲，〈「對抗游戲」損人害己〉，《人民日報》，2020年7月17日。

（4） 王毅，〈中國踐行多邊主義堅持原則性〉，2020年11月7日，《文匯報》。

（5） 習近平，《談治國理政》，第三卷，2020年，外文出版社，第208，433，436 - 437，440頁。

（6） 傅高義，2020年7月20日接受《環球時報》環球網訪問時的講話。

（7） 習近平，2020年11月10日，以視頻方式出席上海合作成員國元首理事會第二十次會議上的講話，題為〈弘揚「上海精神」深化團結協作，構建更加堅密的命運共同體〉，2020年11月11日《人民日報》。

（8） 習近平，〈關於《中共中央關於制定國民經濟和社會發展第十四個五年規劃和二〇三五年遠景目標的建議》的說明〉，2020年11月4日《文匯報》，第A11頁。

（9）《中共中央關於制定國民經濟和社會發展第十四個五年規劃和二〇三五年遠景目標的建議》（2020年10月29日中國共產黨第十九屆中央委員會第五次全體會議通過），2020年11月4日《文匯報》，第A12-A14頁。

（10） Michael J. Sandel, *The Tyranny of Merit — What's Become of the Common Good?*, 2020, Penguin Random House。

（11） Francis Fukuyama, *The End of History and the Last Man*, 2020, Penguin Books, page 357-361, Afterword to the 2006 Afterword。

（12） 習近平，2020年11月4日，在上海第三屆中國國際進口博覽會開幕式的主旨演講，2020年11月4日《人民網》。

（13） 習近平，2020 年11月19日，在亞太經合組織工商領導人對話會上發表主旨演講，題為《構建新發展格局 實現互利共贏》，2020 年11月20日 《人民日報》。

（14） 習近平，2020年11月12日，在第三屆巴黎和平論壇上的致辭，題為〈共抗疫情，共促復蘇，共謀和平〉，2020年11月13日 《人民日報》。

（15）2020年11月21日，習近平出席二十國集團領導人第十五次峰會第一階段會議有關報道，2020年11月22日 《人民日報》。

《人類命運的演進印跡和路程》
（修訂版）

《人類命運演進的動力──選擇和抉擇》

《人類命運進化的基石及元素》

徐是雄教授
三本力作論述人類命運的演進

以色列歷史學者，哈拉瑞（Y.N.Harari）近年出版了三本頗引起學術界關注的「人類三部曲」著作：

（1）《人類大歷史──從野獸到扮演上帝》；

（2）《人類大命運──從智人到神人》；

（3）《21世紀的21堂課》。

針對這三本著作，徐是雄教授在2019 ── 2020年期間，授權《灼見名家》也為他出版了三本著作，論述人類命運的演進，對哈拉瑞書中所談到的一些仍具爭議性的問題，作出了回應和評論；同時，還提出了一些與哈拉瑞很不相同的觀點。有興趣研究有關人類歷史和人類命運演化的讀者值得一讀。此外，徐是雄教授還從中國的現代史、中國社會的發展模式，以及他對中國國情的深入了解的角度，作出了許多實事求是的分析和非常獨到的看法、見解和預判。

誰是驅動人類命運演進的未來力量？——中國模式+話語權vs西方模式+話語權

編著　　：徐是雄

編輯　　：黃文傑、凌嘉偉

設計　　：andConcept Design

圖片　　：Shutterstock

出版　　：灼見名家傳媒有限公司

　　　　　香港黃竹坑道21號環匯廣場10樓1002室

電話　　：2818 3011

傳真　　：2818 3022

電郵　　：contact@master-insight.com

網址　　：www.master-insight.com

FB專頁　：http://www.facebook.com/masterinsight.com

發行　　：香港聯合書刊物流有限公司

　　　　　荃灣德士古道220-248號荃灣工業中心16樓

印刷　　：利高印刷有限公司

　　　　　香港葵涌大連排道192-200號偉倫中心二期11樓

出版日期：2021年2月

定價　　：港幣 $80

國際書號：ISBN：978-988-75361-0-9

圖書分類：文化

免責聲明：

出版社已盡力確保內容正確無誤，

本書只供參考用途。